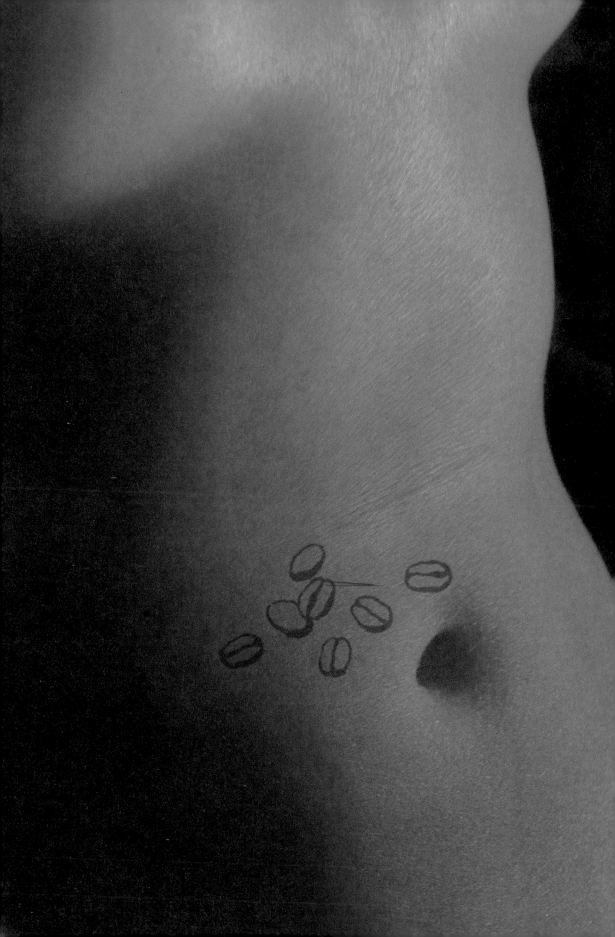

Manger sexy

Du même auteur :

Périodiques :

La cuisine des saisons de Clodine : Mille et une saveurs, vol. 9,
Guy Cloutier communications, 2002-2003.

La cuisine des saisons de Clodine : Des plats anti-grisaille, vol. 10,
Guy Cloutier communications, 2002-2003.

La cuisine des saisons de Clodine : Une chaleur venue du froid, vol. 11,
Guy Cloutier communications, 2002-2003.

La cuisine des saisons de Clodine : Des frissons culinaires à vous remuer l'âme, vol. 12,
Guy Cloutier communications, 2002-2003.

La cuisine des saisons de Clodine : Cuisine d'été et barbecue, vol. 13,
Guy Cloutier communications, 2002-2003.

La cuisine des saisons de Clodine : Une rentrée tout en saveur, vol. 14,
Guy Cloutier communications, 2003-2004.

Livres :

Huiles et vinaigres, Éditions de l'Homme, 1999.

Oils and vinegars, Éditions de l'Homme, 1999.

Simplement gourmand, Communiplex, 1995.

JEAN-FRANÇOIS PLANTE

Manger sexy

LES INTOUCHABLES

Les Éditions des Intouchables bénéficient du soutien financier de la SODEC, du Programme de crédits d'impôt du gouvernement du Québec, du PADIÉ et sont inscrites au Programme de subvention globale du Conseil des Arts du Canada.

LES ÉDITIONS DES INTOUCHABLES
1463, boulevard Saint-Joseph Est
Montréal, Québec
H2J 1M6
Téléphone: (514) 526-0770
Télécopieur: (514) 529-7780
info@lesintouchables.com
www.lesintouchables.com

DISTRIBUTION: PROLOGUE
1650, boulevard Lionel-Bertrand
Boisbriand, Québec
J7H 1N7
Téléphone: (450) 434-0306
Télécopieur: (450) 434-2627

Impression: Scabrini Média
Illustrations et infographie: Amélie Bélisle-Roy
Photographie de la couverture: Alain Comtois
Maquette de la couverture: Benoît Desroches
Modèle de la photographie de la couverture: Annie Létourneau
Photographie des pages de garde: Marc Dussault
Directrice artistique des pages de garde: Nicole Bélanger
Photographies à l'intérieur du livre: David Plasse
Modèle des photographies à l'intérieur du livre: Amélie Bélisle-Roy

Dépôt légal: 2003
Bibliothèque nationale du Québec
Bibliothèque nationale du Canada

ISBN 2-89549-093-7

Préface

Quand je parlais à mes amis du projet de ce livre, je tentais tant bien que mal d'en parler en évitant les clichés, en négligeant délibérément de prononcer un mot en particulier. Je parlais de « recettes sexy », de « cuisine amoureuse », « coquine », « sensuelle », etc., mais, immanquablement, ils furent nombreux à me demander, en me voyant chercher mes mots, si, au fond, il ne s'agissait pas tout simplement d'un nouveau recueil de recettes *aphrodisiaques*. Voilà le mot que je m'efforçais d'éviter, de contourner et d'oublier ! J'avais beau leur dire et leur répéter qu'il ne s'agissait pas de cela, ils revenaient tous au terme *aphrodisiaque*. Difficile de s'en sortir.

Suffirait-il donc pour rassurer et satisfaire tout le monde de concevoir quelques recettes simples à l'aide d'épices judicieusement choisies ? De répandre ici et là un peu de poudre de corne de rhinocéros ? Quelques gouttes de Spanish Fly ? Ou encore quelques extraits de copeaux de bois bandé ? Ou bien devrais-je dissimuler dans les pages de ce livre quelques cellules gorgées de phéromones ? Après tout, pourquoi se donner tant de mal quand un comprimé de Viagra (bientôt en vente dans sa version féminine, nous annonce-t-on), un comprimé donc, avalé avant le repas, ferait tout aussi bien l'affaire ? Ce serait cela, la cuisine aphrodisiaque ? Autant se faire chimiste, alors.

Vous l'aurez donc compris : ceci *n'est pas* un recueil de recettes aphrodisiaques !

Maintenant que vous savez ce que ce livre n'est pas, tâchons de définir ce qu'il est. Je pourrais commencer par dire que ce livre est né d'une intuition profonde que je résumerais ainsi, par les mots de Curnonsky : « Tous les grands amants sont aussi de grands gourmands. »

J'ajouterais aussi que, pour moi, la nourriture joue un grand rôle dans la séduction. La chambre à coucher et la cuisine sont très proches l'une de l'autre, car gastronomie et amour comptent parmi les premiers ingrédients du vrai (du bon, du grand) plaisir.

On ne peut réduire ça à une question d'aphrodisiaque ; cela reviendrait à vouloir définir le désir, qui ne se laisse pas définir, et qui est composé aussi bien de parfums que de regards, de complicité tendre que de caresses. Tenter d'isoler un seul ingrédient du désir revient à vouloir mettre l'amour dans une éprouvette. C'est à la fois futile et inutile, puisqu'une part de mystère demeure à l'œuvre dès qu'il s'agit de séduction. Sans parler d'amour.

Alors, s'il faut définir l'objet de ce livre, je dirais qu'il réside dans l'évocation amoureuse qu'il saura faire naître chez ses lecteurs et ses lectrices. J'aimerais donc qu'en lisant ces pages, vous puissiez succomber à la rêverie et à l'aventure. J'aimerais que vous vous sentiez soudain plein d'audace, que vous vous sentiez touché dans chacun de vos sens. C'est là, finalement, qu'il faut chercher les secrets de ce que l'on pourrait appeler une cuisine érotique : c'est une cuisine qui fait appel à tous nos sens.

Peut-on imaginer une soirée amoureuse sans un repas fin ? Quoi de mieux pour une escapade câline qu'un apéritif autour d'un feu crépitant, en compagnie de la personne aimée ? Quel plaisir de finir une soirée en improvisant un souper à la manière des grands de jadis. Dans tous les cas, le plaisir est dans la forme, la manière et l'intention. Et puis, un peu aussi dans l'assiette, je l'espère (ça, c'est ma contribution personnelle).

Pour jouir d'un bon repas, il faut savoir humer, mordre, toucher, regarder et écouter, au besoin, le cuisinier nous présenter les mets puis, surtout, ce que nos convives ont à dire (ou à chuchoter). Car, en définitive, le dernier souvenir d'un bon repas est celui que l'on garde de la personne qui l'a partagé avec nous. Ai-je besoin de spécifier qu'en amour, il en va de même?

La chambre à coucher et la cuisine sont très proches l'une de l'autre, ai-je dit. Oui, c'est bien vrai, du moins dans l'ordre des sens. Je vous invite ici à découvrir combien ces deux pièces sont proches… même si on n'est ni à la cuisine ni dans la chambre. En fait, les plaisirs de bouche se résument souvent… aux plaisirs de la bouche. Celle qui se referme sur la chair délicatement cuisinée d'une délicieuse et tendre viande aux divins aromates; celle aussi qui se referme sur les lèvres de la personne devant qui on fond littéralement d'amour. Et l'on découvre que ce qui se passe entre deux corps amoureux est une force d'attraction qui peut être aussi forte que celle qui unit… les fraises et le chocolat, par exemple.

Il est maintenant temps de vous souhaiter le plus doux et le plus charmant des repas que l'on puisse souhaiter à l'heure de dévorer l'amour à belles dents.

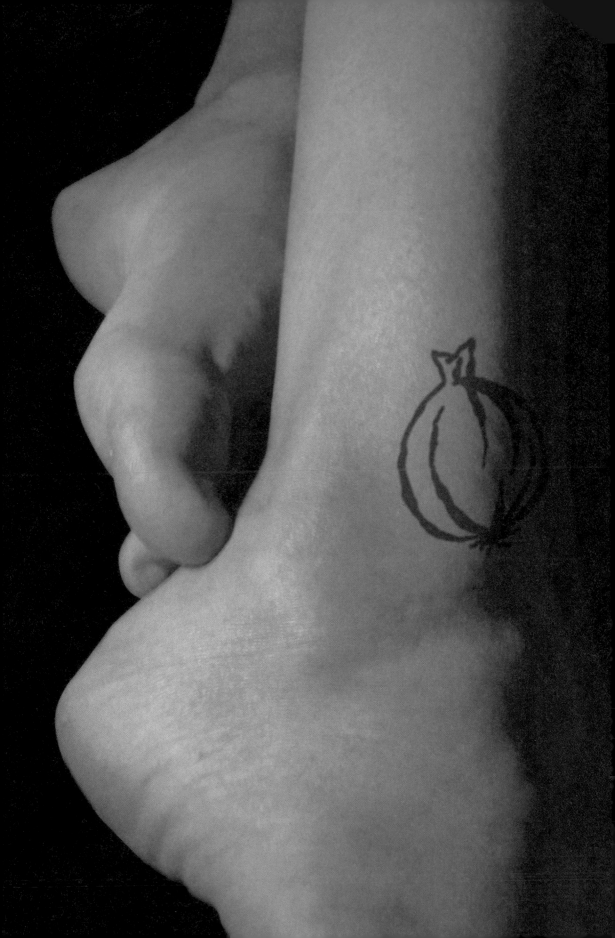

Mets raffinés, propos raffinés

Pour Pierre, le grand soir était enfin arrivé. Depuis le temps qu'il m'en parlait ! En fait, Pierre rêvait de Julie depuis des mois (et autant de lunes) et voilà que, finalement, la belle avait accepté son invitation. Pierre m'avait bien fait comprendre l'importance de cette soirée et avait vivement insisté pour que je les reçoive. Après tout, il importait de montrer que les amis aussi savent vivre, et même bien vivre. Je devais donc concocter un repas de séduction pour ainsi faire comprendre à sa belle que rien n'est innocent quand il s'agit de manger. Il m'avait bien averti : « Julie, c'est l'esprit d'Einstein dans le corps de Cindy Crawford. »

Tact et stratégie s'imposaient : à mets raffinés, propos raffinés. En optant pour le repas de quatre services suivant, je lus tout ce que je pouvais rassembler sur la cuisine d'amour et j'informai mon ami sur tout ce qu'on devait savoir au sujet des vertus amoureuses de ce qu'ils s'apprêtaient à manger, histoire d'éveiller tous ses appétits, de réveiller tous ces sens.

Au menu :

**Soupe à l'oignon doux et au pineau des Charentes
gratinée au fromage de chèvre**

Salade de fines laitues aux raisins frais et amandes

**Confit de canard, sauce aux framboises,
et son caramel balsamique au gingembre**

Torta moelleuse au chocolat Manjari et aux canneberges séchées

On sait que le soufre contenu dans l'oignon favorise – quand il ne la décuple pas – l'énergie amoureuse. Ovide, dans *L'Art d'aimer*, l'appelait d'ailleurs « l'herbe lubrique ». J'ai pensé toutefois que, pour cette première invitation, l'entrée ne devait pas souligner trop lourdement les pensées de Pierre. La douceur du sucre brun et du pineau des Charentes, conjuguée à la crème, fera passer à merveille l'« énergie amoureuse » de l'oignon sans trahir la fébrilité de mon ami. La séduction doit opérer à travers une certaine douceur.

SOUPE À L'OIGNON DOUX ET AU PINEAU DES CHARENTES GRATINÉE AU FROMAGE DE CHÈVRE

45 ml (3 cuillères à soupe) de beurre
2 gros oignons espagnols, émincés
30 ml (2 cuillères à soupe) de sucre brun
1 gousse d'ail, hachée finement
250 ml (1 tasse) de pineau des Charentes
1 l (4 tasses) de bouillon de poulet
15 ml (1 cuillère à soupe) de thym frais, haché
30 ml (2 cuillères à soupe) de persil plat, haché
30 ml (2 cuillères à soupe) de ciboulette fraîche, hachée
8 tranches de baguette, grillées
2 crottins de Chavignol
Sel et poivre du moulin

Dans une grande casserole à fond épais, faire chauffer le beurre. Ajouter les oignons et faire revenir à feu doux pendant 20 minutes tout en remuant de temps à autre. Ajouter le sucre brun et poursuivre la cuisson environ 15 minutes ou jusqu'à ce que les oignons soient bien caramélisés.

Ajouter l'ail et le pineau des Charentes. Faire réduire pendant environ 5 minutes. Ajouter le bouillon et le thym. Porter à ébullition, assaisonner et faire mijoter à feu moyen à couvert pendant 30 minutes. Ajouter le persil, la ciboulette et bien mélanger.

Tailler chaque crottin en quatre tranches, les déposer sur les croûtons, parsemer de thym haché et poivrer. Répartir la soupe dans les bols, y déposer les croûtons et faire gratiner sous le grill du four jusqu'à ce que le fromage soit légèrement fondu. Servir aussitôt.

Note : Le crottin de Chavignol est un fromage de chèvre demi-sec provenant de la région des Charentes, et son goût noiseté se marie très bien avec le pineau.

Donne de 4 à 6 portions
Temps de préparation : 15 minutes
Temps de cuisson : de 70 à 80 minutes

Il est certain que la laitue est davantage reconnue pour ses vertus apaisantes (la lactucine qu'elle contient est aussi appelée l'«opium de laitue»). Dans l'Antiquité, la laitue était plutôt associée à quelques chagrins d'amour célèbres: Sapho, dédaignée par le beau Phaon de Mytilène, se jeta en bas du rocher de Leucade, après quoi Vénus transforma le jeune homme en… laitue. Et quand Vénus, pour oublier Adonis qu'elle venait de perdre, alla chercher l'apaisement dans le sommeil, c'est sur un lit de laitue qu'elle choisit de s'allonger. C'est plutôt, quant à moi, cette dernière image que j'aimerais que le soupirant et la courtisée retiennent. Un lit, c'est déjà en soi une invitation à l'amour, n'est-ce pas?

SALADE TIÈDE DE FINES LAITUES AUX RAISINS FRAIS ET AUX AMANDES

SALADE

250 g (1/2 lb) de salade mesclun
1 petit oignon rouge finement émincé
125 ml (1/2 tasse) d'amandes émincées
1 tasse de raisins rouges sans pépins coupés en deux

VINAIGRETTE

250 ml (1 tasse) d'huile de tournesol
125 ml (1/2 tasse) de vinaigre de vin blanc
60 ml (4 cuillères à soupe) de miel
60 ml (4 cuillères à soupe) de sauce Tamari ou de sauce soya
Sel et poivre du moulin au goût

Déposer la salade, l'oignon émincé, les raisins et les amandes dans un grand saladier et mélanger délicatement. Préparer ensuite la vinaigrette en fouettant vigoureusement le miel, l'huile de tournesol, le vinaigre, la sauce Tamari ou la sauce soya. Saler et poivrer au goût. Mouiller la salade de la vinaigrette à votre goût.

Donne de 4 à 6 portions
Temps de préparation : 15 minutes

Au cœur du repas, les saveurs et les sentiments explosent. Les plus petits détails revêtent alors la plus haute importance, car les épices, aromates et condiments réveillent les papilles et les désirs. Les sens s'ébrouent grâce à la volupté de la cannelle, du miel, de la muscade et des framboises. Le gingembre, héritier d'une longue tradition d'excitants et d'euphorisants, n'est pas en reste et contribue à échauffer les conversations. Ce n'est pas un hasard si, en mandarin, le gingembre évoque aussi la virilité, en raison des afflux de sang que le « rhizome fou », comme on l'a surnommé, produit. Et je suis sûr que si, par un (malheureux ?) concours de circonstances, il arrivait que mes convives éprouvent quelques bouffées de chaleur, ni l'un ni l'autre ne regretterait de se dépouiller de quelques pelures…

CONFIT DE CANARD, SAUCE AUX FRAMBOISES, ET SON CARAMEL BALSAMIQUE AU GINGEMBRE

CONFIT DE CANARD

60 ml (4 cuillères à soupe) de gros sel
2,5 ml (1/2 cuillère à thé) de thym séché
2,5 ml (1/2 cuillère à thé) de sarriette séchée
4 cuisses de canard de Barbarie
1 l (4 tasses) de gras de canard

CARAMEL BALSAMIQUE

250 ml (1 tasse) de vinaigre balsamique
1 morceau de 2,5 cm (1 po) de gingembre frais, émincé
1 pincée de noix de muscade moulue
1 pincée de cannelle moulue

SAUCE AUX FRAMBOISES

30 ml (2 cuillères à soupe) de sucre
30 ml (2 cuillères à soupe) de vinaigre de framboise
175 ml (2/3 tasse) de framboises
250 ml (1 tasse) de sauce demi-glace
Sel et poivre du moulin

CONFIT DE CANARD

Mélanger le gros sel, le thym et la sarriette. Saupoudrer les cuisses de canard de ce mélange, couvrir et réfrigérer de 10 à 12 heures. Rincer les cuisses sous l'eau froide et les essuyer. Dans une casserole, faire fondre le gras de canard et y plonger les cuisses de canard. Couvrir et faire cuire au four préchauffé à 160 °C (325 °F) de 1 h 15 à 1 h 30 ou jusqu'à ce que le pilon se détache facilement du haut de cuisse.

CARAMEL BALSAMIQUE

Dans une petite casserole, porter le vinaigre à ébullition, ajouter le gingembre, la cannelle moulue et la noix de muscade. Faire réduire d'environ les trois quarts et retirer le gingembre. Poursuivre la réduction jusqu'à l'obtention d'un sirop légèrement épais. Transférer aussitôt dans un bol et faire refroidir. Ce caramel se sert à la température ambiante et en petite quantité.

SAUCE AUX FRAMBOISES

Dans une petite casserole, mélanger le sucre et le vinaigre, puis porter à ébullition. Ajouter les framboises et cuire à feu moyen pendant 2 minutes. Ajouter le fond de veau, porter à ébullition et faire mijoter à feu doux pendant 15 minutes. Passer la sauce au tamis, vérifier l'assaisonnement et réserver au chaud.

FINITION

Placer les cuisses de canard sur une lèchefrite et faire colorer au four sous le grill jusqu'à ce que la peau soit bien colorée et croustillante. Servir accompagné de la sauce aux framboises et d'un petit trait de caramel balsamique au gingembre.

Donne 4 portions
Temps de préparation : 20 minutes
Temps de macération : de 10 à 12 heures
Temps de cuisson : 1 h 30

Nos ancêtres ont déjà inventé la roue… et les amoureux, le chocolat. Il y a des inventions que l'on considère indubitablement comme des progrès de la civilisation, et j'oserai dire qu'en amour le chocolat est encore le saint patron. C'est pourquoi un dessert au chocolat s'impose. La beauté est tout entière dans sa métamorphose. Ce dessert, qui conserve le goût du chocolat sans en avoir toutes les apparences « cochonnes », n'est pas moins recommandable aux amateurs de petites gourmandises… À ce stade-ci, Pierre aura encore le choix : ou il rappelle à Julie que le dieu du cacaoyer exigeait des Incas des orgies collectives pour que les fèves soient plus belles ou, plus sobrement, il lui contera comment, au XVIIIe siècle, à cause des propriétés scabreuses que l'on prêtait au chocolat, on décida de le réserver aux adultes et de n'en donner qu'en doses homéopathiques aux enfants… Cependant, j'ajouterai qu'heureusement, Pierre et Julie ne sont plus des enfants.

Avec ce dessert, Pierre aura tout le loisir d'offrir à Julie un porto (ou un banyuls) ou même un doigt de cognac.

TORTA MOELLEUSE AU CHOCOLAT MANJARI ET AUX CANNEBERGES SÉCHÉES

200 g (7 oz) de chocolat Valhrona Manjari, haché grossièrement
150 ml (2/3 tasse) de beurre
150 ml (2/3 tasse) de sucre
4 œufs
60 ml (1/4 tasse) de canneberges séchées, hachées
80 ml (1/3 tasse) de farine
0,5 ml (1/8 cuillère à thé) de cardamome moulue
0,5 ml (1/8 cuillère à thé) de gingembre moulu

Dans un bain-marie, faire fondre le chocolat. Blanchir le beurre et le sucre, ajouter les jaunes d'œufs et bien mélanger. Ajouter le chocolat et bien incorporer à la spatule. Ajouter les canneberges, la farine, la cardamome, le gingembre et réserver.

Battre les blancs d'œufs en neige et les ajouter petit à petit à la préparation au chocolat. Verser dans un moule à fond amovible de 23 cm (9 po) préalablement beurré et fariné.

Faire cuire au four préchauffé à 160 °C (325 °F) pendant 30 minutes. Le centre du gâteau doit rester légèrement souple au toucher. Laisser reposer environ 20 minutes puis démouler. Servir accompagné de glace à la vanille et d'un coulis de canneberges.

Donne 8 portions
Temps de préparation : 20 minutes
Temps de cuisson : 30 minutes

Et à mon tour, je n'aurai plus qu'à m'éclipser en souhaitant une bonne nuit aux amoureux. Si tout se déroule comme je l'imagine sans peine, une nouvelle union sera née sous les meilleurs cieux que l'on puisse souhaiter.

PROPOS DE TABLE

— Hum… Cette sauce est absolument divine.

— Tu sais ce qu'on dit : la magie est dans les mains. De bonnes mains font de bonnes sauces et de bons massages. Dans tous les cas, c'est une question de sens et de sensualité.

— C'est vrai, cette sauce est une véritable caresse.

— Oui, mais attends la suite…

Folies d'été
(comme des poissons dans l'eau)

La journée s'annonçait particulièrement torride. Trente degrés Celsius sous le soleil (et je ne compte pas le facteur humidex qui était, je vous l'assure, très élevé). J'étais déjà confortablement installé au bord de la piscine avec Jo. Elle adore se faire chauffer au soleil, et j'aime particulièrement me baigner dans l'eau fraîche. Mais, par-dessus tout, rien n'est plus agréable que de profiter du soleil et de la baignade dans le plus simple appareil. Et bientôt, l'eau ne parvint plus à calmer la chaleur que le soleil, conjugué à notre nudité, faisait naître en nous. Au moment où nous nous apprêtions à consommer ce qui nous consumait, le téléphone sonna. C'était Annie qui nous annonçait son arrivée imminente. Ceux qui jouissent d'une piscine chez eux connaissent bien ce genre de situation. Seulement, cette fois, la situation bousculait ce qui s'annonçait comme une véritable urgence.

Ce que je ne savais pas encore, c'est que la température allait faire grimper ce sentiment d'urgence que je ressentais déjà comme une brûlure. Un coup de chaleur : je crois que c'est ainsi qu'on pourrait appeler les « influences » du milieu sur les corps. Une chose est certaine : la présence d'Annie ne risquait pas de faire dériver mes pensées... surtout après qu'elle eût enfilé son maillot (« enfiler » est le mot qui convient le mieux pour décrire ces maillots qu'on croirait faits de deux ou trois bouts de ficelle).

La présence de ces deux jolies naïades m'inspira un menu «improvisé» (l'inspiration, comme la visite, arrive toujours à l'improviste) composé de petites bouchées de circonstance qui nous accompagneraient jusqu'à ce que le soleil se couche… et nous aussi. «En amour, vous le savez, les crustacés sont vos alliés», a écrit Brillat-Savarin. Moi, je ne le savais pas encore mais, à la lumière de ce que nous avons mangé et «réalisé» cet après-midi-là, je ne peux le contredire.

Au menu :

**Ceviche de pétoncles aux pamplemousses roses
et son sorbet aux agrumes**

Concombres farcis de gravlax au saumon fumé et de chèvre

Crevettes sautées au basilic, jalapeños, citron vert et ail grillé

Tarte fine aux pistaches et au café

On dit que le phosphore ainsi que l'iode contenus dans les fruits de mer «favorisent» l'énergie amoureuse en exerçant une action sur la glande thyroïde. Pourtant, en observant Jo et Annie cet après-midi-là, joliment vêtues (voire dévêtues) dans leur délicieux maillot de bain, je me suis dit que je n'en avais peut-être pas vraiment besoin : leur présence me suffisait amplement… Qu'importe ! Si la ceviche servie glacée nous aidait à nous rafraîchir, elle ne refroidirait cependant pas nos ardeurs, loin de là !

CEVICHE DE PÉTONCLES AUX PAMPLEMOUSSES ROSES ET SON SORBET AUX AGRUMES

SORBET

80 ml (1/3 tasse) de jus de citron frais
80 ml (1/3 tasse) de jus de lime
80 ml (1/3 tasse) de sucre
500 ml (2 tasses) de jus de pamplemousse rose

CEVICHE

12 gros pétoncles frais
2 pamplemousses roses
Le jus d'un demi citron
60 ml (1/4 tasse) d'huile d'olive extra-vierge
1/3 tasse de poivron jaune, coupé en brunoise
1/3 tasse de poivron rouge, coupé en brunoise
30 ml (2 cuillères à soupe) de ciboulette fraîche, hachée
15 ml (1 cuillère à soupe) d'estragon frais, haché
Sel et poivre du moulin

SORBET

Dans une petite casserole, mélanger le jus de citron, le jus de lime et le sucre. Porter à ébullition et retirer du feu, puis mélanger afin de dissoudre complètement le sucre. Ajouter le sirop obtenu au jus de pamplemousse et passer le tout au tamis. Verser dans la sorbetière et turbiner jusqu'à ce que le sorbet ait pris et soit d'une consistance lisse. (Si vous n'avez pas de sorbetière, congeler le mélange puis, une heure avant son utilisation, le passer au robot-coupe. Le remettre ensuite au congélateur jusqu'au moment de l'utiliser.) Transférer dans un contenant hermétique et conserver au congélateur.

CEVICHE

Trancher finement les pétoncles et les réserver. Retirer le jus d'un pample-mousse et prélever les suprêmes du deuxième. Réserver. Mélanger le jus de pamplemousse, le jus de citron, l'huile, les brunoises de poivrons, la ciboulette, l'estragon et assaisonner.

Au centre de chaque assiette, déposer quelques tranches de pétoncle et assaisonner. Arroser d'un peu de marinade et superposer de suprêmes de pamplemousse. Terminer avec quelques tranches de pétoncle, assaisonner et napper à nouveau de marinade. Laisser reposer 10 minutes. Accompagner d'une quenelle de sorbet, verser un peu de marinade autour du ceviche et décorer de tiges de ciboulette fraîche.

Donne 4 portions
Temps de préparation : 15 minutes

Comme un hommage aux lointaines origines suédoises d'Annie, je choisis de servir un gravlax. Est-ce le saumon qui donna à Annie l'envie de frayer dans des eaux froides ? J'en doute, mais son plongeon dans la piscine ne manqua pas d'attirer notre attention : le haut de son bikini n'avait pas résisté au choc et flottait à la surface. Le plus drôle est qu'elle ne s'en rendit compte qu'une fois hors de l'eau… « La chose gêne-t-elle quelqu'un ? », demanda Annie. « Personne », répondit Jo en me lançant un regard complice. « Encore un peu de concombre farci, Jo ? », dis-je en portant à ma bouche une tranche de pétoncle.

CONCOMBRES FARCIS DE GRAVLAX AU SAUMON FUMÉ ET AU FROMAGE DE CHÈVRE

280 g (10 oz) de saumon frais en filet sans peau
120 g (4 oz) de saumon fumé
30 ml (2 cuillères à soupe) de câpres hachées finement
45 ml (3 cuillères à soupe) d'aneth frais haché
60 ml (1/4 tasse) de fromage de chèvre frais
2 échalotes françaises hachées finement
1 gousse d'ail hachée finement
15 ml (1 cuillère à soupe) d'huile d'olive extra-vierge
Le jus d'un demi-citron
4 concombres anglais pelés
Aneth frais pour la décoration
Sel et poivre du moulin

À l'aide d'un couteau bien affûté, couper le saumon frais et le saumon fumé en petits dés.

Mélanger intimement les deux saumons et incorporer ensuite les câpres, l'aneth, le fromage, les échalotes, l'ail, l'huile d'olive et le jus de citron. Assaisonner et bien mélanger. Réserver au frais.

Couper les concombres en rondelles d'environ 2,5 cm (1 po). À l'aide d'une cuillère parisienne, évider le centre de chaque rondelle de concombre. Farcir chaque rondelle du tartare de saumon et agrémenter d'une petite tige d'aneth. Réserver au frais et sortir du réfrigérateur 10 minutes avant de servir.

Donne 48 bouchées
Temps de préparation : 35 minutes

Le soleil cuisait la peau. Il nous enveloppait et nous caressait comme un corps sur un autre corps. Quelle délicieuse sensation… C'était presque insoutenable de sensualité. Peut-être seriez-vous tentés de me dire que l'utilisation des jalapeños par une chaude journée d'été revient à jeter de l'huile sur le feu… Je vous répondrai alors que si l'on veut profiter des douceurs d'un bon petit feu, il importe d'abord de savoir l'entretenir. Annie, dont la tenue plus que réduite ne manquait pas de piquant, nous invitait à profiter des charmes sans fin des après-midi d'été où rien ne compte que le farniente… Nous n'avions plus qu'à faire comme elle. En somme, c'était notre invitée qui nous lançait maintenant une invitation. Comment ne pas lui rendre la politesse ?

CREVETTES SAUTÉES AU BASILIC, JALAPEÑOS, CITRON VERT ET AIL GRILLÉ

60 ml (1/4 tasse) d'huile d'olive
6 gousses d'ail pelées
2 petits piments jalapeños épépinés et coupés en 6 morceaux
250 ml (1 tasse) de basilic frais
Le jus d'un citron vert
80 ml (1/3 tasse) d'huile d'olive extra-vierge
32 grosses crevettes décortiquées et dont les veines ont été retirées
60 ml (1/4 tasse) de pâte de tomate
30 ml (2 cuillères à soupe) de sauce Tamari
Sel et poivre du moulin

Dans une petite casserole à fond épais, faire chauffer 60 ml (1/4 tasse) d'huile d'olive à feu moyen et faire cuire l'ail de 5 à 8 minutes ou jusqu'à ce que les gousses soient dorées et tendres. Réserver.

À l'aide du robot ou du mélangeur, mélanger les piments, le basilic, le jus de citron vert, l'huile d'olive extra-vierge, les gousses d'ail cuites ainsi que leur huile de cuisson jusqu'à l'obtention d'un onctueux pesto. Saler et poivrer. Faire mariner les crevettes dans la moitié du pesto pendant une heure au réfrigérateur.

Incorporer la pâte de tomate et la sauce Tamari dans le reste du pesto, bien mélanger et réserver au frais. Assaisonner les crevettes. Dans une grande poêle à frire sur feu vif, faire saisir les crevettes des deux côtés de 4 à 5 minutes*. Accompagner de pâtes fraîches et servir avec le pesto réservé.

* Il est préférable de faire cuire les crevettes en deux ou trois fois si vous n'avez pas de grande poêle. Idéalement, les crevettes ne doivent pas se superposer dans la poêle, de manière à obtenir une cuisson uniforme. Éviter également que les crevettes ne «bouillent» car elles perdent alors en tendreté.

Donne 4 portions
Temps de préparation : 25 minutes
Temps de macération : 1 heure
Temps de cuisson : 10 minutes

La journée tirait à sa fin et nous goûtions la volupté des derniers rayons du soleil. La peau légèrement rougie, le ventre délicieusement caressé de l'intérieur, Annie s'était laissée aller à nous faire quelques confidences inavouables. De quoi nous faire rougir davantage encore. Quelles confidences ? Chut ! C'est un secret ! Mais je dois dire que le capiteux de l'alcool, lié aux vertus vivifiantes du café et à la volupté de la crème, rendait merveilleusement bien l'essence de ses confidences…

TARTE FINE AUX PISTACHES ET AU CAFÉ

TARTE

300 g (11 oz) de pâte sucrée ou de pâte brisée
3 œufs
250 ml (1 tasse) de sucre brun
60 ml (1/4 tasse) de crème 35 %
60 ml (1/4 tasse) de beurre fondu
45 ml (3 cuillères à soupe) de liqueur de café
60 ml (1/4 tasse) de farine
500 ml (2 tasses) de pistaches, hachées grossièrement

SAUCE AU CAFÉ

500 ml (2 tasses) de crème 35 %
60 ml (1/4 tasse) de sucre
60 ml (1/4 tasse) de café espresso ou de café fort

TARTE

Beurrer et enfariner un moule à tarte à fond amovible de 25 cm (10 po). Abaisser la pâte, la déposer dans le moule et réserver au froid. Battre les œufs, ajouter le sucre et bien mélanger. Ajouter la crème, le beurre, la liqueur de café et bien mélanger. Incorporer la farine et les pistaches. Déposer le tout dans le moule et cuire au four, préchauffé à 190 °C (375 °F), pendant 40 minutes. Faire refroidir complètement avant de servir.

SAUCE

Dans une casserole moyenne, porter la crème à ébullition. Ajouter le sucre et faire réduire à feu moyen pendant environ 20 minutes ou jusqu'à l'obtention d'une consistance sirupeuse. Ajouter le café et poursuivre la cuisson pendant 5 minutes. Faire refroidir et servir.

Donne de 10 à 12 portions
Temps de préparation : 20 minutes
Temps de cuisson : de 40 à 50 minutes

PROPOS DE TABLE
(au bord de la piscine)

« Tu veux bien m'appliquer un peu d'huile sur le dos ? Ah ! Comme tu es gentil. C'est toi qui a préparé toutes ces bonnes bouchées ? Tu es bon à marier, tu sais. Attention Jo, on pourrait vouloir te voler ton ami. On ne peut pas y résister. Mais voyons ! Bien sûr, ma chérie, qu'est-ce que tu imagines ? Je parle de ces bouchées, bien entendu… Elles sont irrésistibles… comme vous deux, d'ailleurs. Dis-moi, ça ne t'embête pas de continuer à me mettre de l'huile ? Alors, je me retourne… Oui, oui, partout, là aussi, devant ; vois-tu, je ne voudrais pas gâcher le goût des aliments avec mes mains huileuses. Oh ! Comme tu es doux et attentionné. On voit que ces mains-là savent cuisiner… »

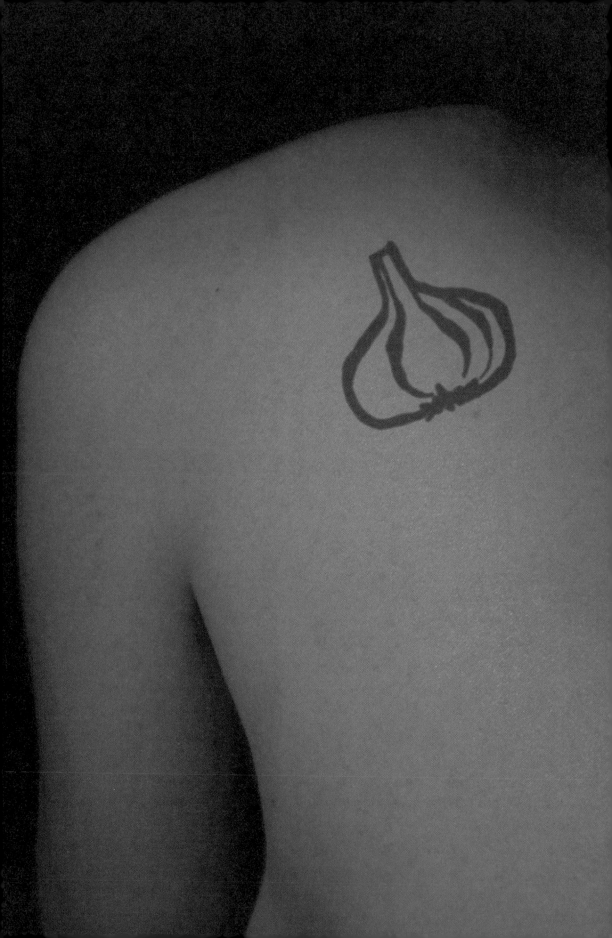

Soleil de minuit au pays des neiges

Lili vivait son premier hiver québécois. Le soleil de Marseille lui semblait bien loin. Jacques, son amoureux, désespérait de lui faire retrouver sa bonne humeur. C'est pourquoi je lui suggérai le menu suivant, que je lui conseillai d'arroser de délicieux alcools et élixirs qu'une Française saurait bien apprécier, le tout relevé de chaudes épices et de somptueux aromates. Devant un bon feu de foyer, ce repas chaud, très chaud, devrait convaincre notre nouvelle venue que, lorsque la température extérieure chute, nous savons, en nos froides contrées, la faire remonter…

Au menu:

Vin chaud aux épices et aux agrumes en entrée de jeu

Fondue aux fromages, tomates, ail grillé et basilic

Gigot d'agneau glacé au miel et à la moutarde de Dijon

**Raviolis au chocolat et aux noisettes,
nappés de crème anglaise à l'orange**

« Le vin est le professeur du goût […], le libérateur de l'esprit et l'illuminateur de l'intelligence », écrivait Paul Claudel. Puis-je ajouter qu'il est aussi le premier atout des amoureux tant il prédispose à l'abandon (à condition d'en user avec modération, comme le veut le bon usage) ? Le secret consiste à relever le vin à l'aide d'épices et d'agrumes, un peu à la manière dont Salomon s'y prit pour obtenir les faveurs de la vierge Mekeddah, reine du royaume de Saba. Voici l'histoire que Jacques raconta à Lili, pensant faire revenir ainsi à son visage les couleurs que notre hiver avait fait fuir : « Après l'avoir accueillie dans son palais et lui avoir servi un repas très épicé, Salomon fit promettre à la reine de Saba de ne rien prendre qui ne fut à elle. Pourtant, pendant la nuit, la vierge voulut étancher sa soif et but de l'eau d'une cruche que l'on avait déposée près de son lit, rompant ainsi sa promesse. Ce premier serment trahi, elle n'eut plus qu'à abandonner celui de sa virginité, malgré les vœux d'abstinence qu'elle avait prononcés… »

VIN CHAUD AUX ÉPICES ET AUX AGRUMES

500 ml (2 tasses) de vin rouge sec
1 bâton de cannelle
5 ml (1 cuillère à thé) de noix de muscade fraîchement râpée
2 tranches d'orange
1 ml (1/4 cuillère à thé) de cardamome râpée
15 ml (1 cuillère à soupe) de gingembre frais râpé
2 clous de girofle

Dans une casserole à fond épais, amener tous les ingrédients à ébullition, baisser le feu et laisser mijoter environ une dizaine de minutes. Couler à la passoire pour ne conserver que le vin. Servir fumant.

Donne de 2 à 4 portions
Temps de préparation : 5 minutes
Temps de cuisson : 15 à 20 minutes

Jacques voulait «réchauffer» l'âme et le corps de son amie. Peut-être, ai-je pensé, cette petite fondue aux fromages parviendra-t-elle à faire fondre son cœur? Les tomates, le basilic, et l'ail surtout («qui rend les femmes amoureuses et les hommes forts») ne devraient pas nuire à sa cause, en rappelant les saveurs méditerranéennes de la ville natale de Lili. Sa belle se souviendra-t-elle que l'ail était à la base de toutes les recettes de philtres d'amour des prêtresses des temples d'Éros?

FONDUE AUX FROMAGES, TOMATES, AIL GRILLÉ ET BASILIC

4 gousses d'ail pelées
15 ml (1 cuillère à soupe) d'huile d'olive extra-vierge
500 g (1 lb) de fromage à raclette des Appalaches
500 g (1 lb) de fromage Oka
500 ml (2 tasses) de vin blanc sec
15 ml (1 cuillère à soupe) de fécule de maïs
60 ml (1/4 tasse) de vodka
60 ml (1/4 tasse) de basilic frais haché finement
4 tomates jaunes ou rouges mondées, épépinées et coupées en petits dés
Poivre du moulin

Faire d'abord rôtir les gousses d'ail dans l'huile d'olive pendant 15 minutes au four, préchauffé à 180°C (350°F). Retirer la croûte des fromages et couper la pâte en petits dés. Incorporer la moitié du vin blanc dans un caquelon de fonte et faire chauffer. Ajouter la moitié du fromage et faire fondre en brassant régulièrement. Poivrer au goût. Incorporer l'autre moitié de vin blanc puis, graduellement, le reste du fromage. Faire fondre en continuant de brasser.

Écraser l'ail rôti, puis l'incorporer à la fondue. Ajouter la fécule de maïs délayée dans la vodka et brasser à nouveau. Ajouter le basilic, les tomates, et bien mélanger. Accompagner de croûtons de pain, de fruits et de légumes de votre choix.

Donne de 4 à 6 portions
Temps de préparation: 25 minutes
Temps de cuisson: environ 25 minutes

L'agneau, qui n'a pas toujours eu la faveur des Québécois, reste sans contredit une viande raffinée qui a des airs de festin. En la préparant ainsi avec un miel de romarin et de la moutarde de Dijon, on vient souligner à la fois sa douceur et relever son goût subtil. Suivant la tradition de la cuisine aphrodisiaque, on doit savoir que la moutarde stimule le fonctionnement des glandes sexuelles, ce qui, lorsque vient le temps de se réchauffer (voire de s'échauffer), ne peut pas nuire. Dans l'Antiquité, les hommes se frictionnaient parfois avec un mélange composé d'huile de moutarde, de romarin et de miel… Cette mixture piquait la peau, dilatait les vaisseaux sanguins et intensifiait la circulation locale. Une excitation qui pouvait rapidement devenir une véritable torture… Ici, on se contentera de l'appliquer sur l'agneau. C'est plus sage et meilleur au goût.

GIGOT D'AGNEAU GLACÉ AU MIEL ET À LA MOUTARDE DE DIJON

1 gigot d'agneau du Québec d'environ 3 kg (6,5 lbs)
3 gousses d'ail coupées en lanières
80 ml (1/3 tasse) de vin blanc
60 ml (1/4 tasse) de rhum brun
60 ml (1/4 tasse) de miel
60 ml (1/4 tasse) de sucre brun
45 ml (3 cuillères à soupe) de moutarde de Dijon
45 ml (3 cuillères à soupe) de sauce soya
45 ml (3 cuillères à soupe) de jus de citron
30 ml (2 cuillères à soupe) de gingembre frais râpé
30 ml (2 cuillères à soupe) d'huile d'olive
30 ml (2 cuillères à soupe) de beurre manié
500 ml (2 tasses) de bouillon de bœuf
Poivre du moulin

Parer le gigot en retirant l'excédent de gras. Le piquer de lanières d'ail. Poivrer et réserver.

Dans une petite casserole, mélanger la moitié du vin blanc, le rhum, le miel, le sucre, la moutarde, la sauce soya, le jus de citron et le gingembre. Porter à ébullition et faire réduire à feu moyen pendant environ 5 minutes. Réserver.

Dans une poêle, faire chauffer l'huile à feu vif et saisir le gigot pendant quelques minutes de tous les côtés. Le déposer ensuite sur une plaque de cuisson et le badigeonner généreusement de la sauce au rhum et au miel. Faire cuire le gigot au four préchauffé à 190°C (375°F), de 60 à 75 minutes, en le retournant à la mi-cuisson et en prenant soin de le badigeonner de sauce à quelques reprises pendant la cuisson.

Pendant ce temps, préparer la sauce en déglaçant, avec le reste du vin blanc, la poêle ayant servi à saisir le gigot, puis ajouter 60 ml (1/4 tasse) de la sauce au rhum et au miel. Ajouter le beurre manié, bien mélanger, et mouiller aussitôt avec le bouillon de bœuf. Porter à ébullition et faire réduire à feu moyen de 10 à 15 minutes.

Sortir le gigot du four, le couvrir de papier d'aluminium et le laisser reposer de 10 à 15 minutes avant de le trancher. Servir chaque portion nappée de sauce parfumée.

Note : Si vous utilisez un thermomètre à viande, vérifier que la température interne du gigot atteigne environ 65°C (145°F) pour une cuisson rosée.

Donne de 6 à 8 portions
Temps de préparation : 15 minutes
Temps de cuisson : 60 à 75 minutes

Pour conclure, disons seulement que l'on laisse la table pour passer à d'autres plaisirs… Après les vins et les mets, gageons que Lili aura découvert tous les avantages que procure notre hiver, y compris ce principe qui veut que l'on recrée à l'intérieur la chaleur qui fait défaut à l'extérieur. Ce menu bien relevé réchauffe le corps et échauffe les esprits, tout en créant une atmosphère de détente propice aux rapprochements tendres. Je ne reviendrai pas sur les vertus amoureuses du chocolat, mais je préciserai néanmoins que le parfum grisant et les pouvoirs euphorisants de la vanille ne manqueront pas de venir caresser agréablement le ventre de nos amoureux. Au risque de sembler inconvenant, je ne peux m'empê-cher de rappeler que la vanille fait partie de la famille des orchidées, dont le nom vient du grec *orkhidion* qui signifie « petits testicules ». Mais laissons maintenant nos amoureux célébrer la suite de ce merveilleux repas et souhaitons, à cette heure-ci, que Jacques ne manque pas… d'*orkhidion* !

RAVIOLIS AU CHOCOLAT ET AUX NOISETTES, NAPPÉS DE CRÈME ANGLAISE À L'ORANGE

CRÈME ANGLAISE À L'ORANGE

500 ml (2 tasses) de lait
Le zeste d'une orange, haché
6 jaunes d'œufs
125 ml (1/2 tasse) de sucre
1 gousse de vanille fraîche

GANACHE AU CHOCOLAT NOIR ET AUX NOISETTES

180 g (6 oz) de chocolat noir mi-amer, haché grossièrement
60 ml (1/4 tasse) de crème 35 %
15 ml (1 cuillère à soupe) de beurre
60 ml (1/4 tasse) de noisettes moulues

PÂTE AU CACAO

300 ml (1 1/4 tasse) de farine
60 ml (1/4 tasse) de cacao
30 ml (2 cuillères à soupe) de sucre à glacer
2 œufs, battus
1 jaune d'œuf, battu

CRÈME ANGLAISE

Dans une petite casserole, faire bouillir le lait et le zeste d'orange. Retirer du feu et laisser infuser à couvert pendant une heure. À l'aide d'un fouet, blanchir les jaunes d'œufs et le sucre. Ajouter les graines de vanille que vous aurez prélevées de la gousse. Passer le lait au tamis et le porter à ébullition. Verser le lait sur les jaunes, bien mélanger et faire cuire sans faire bouillir, jusqu'à ce que la crème nappe bien le dos d'une cuillère. Transvider dans un bol et faire refroidir aussitôt.

GANACHE

Dans un bain-marie, faire fondre le chocolat et la crème jusqu'à l'obtention d'une consistance lisse et homogène. Retirer du feu, ajouter le beurre et bien mélanger jusqu'à ce qu'il soit fondu. Ajouter les noisettes et bien mélanger. Laisser refroidir la ganache à la température ambiante de 30 à 40 minutes ou jusqu'à ce qu'elle épaississe suffisamment pour la mouler à la cuillère.

PÂTE AU CACAO

Tamiser ensemble la farine, le cacao et le sucre à glacer. Faire une fontaine, ajouter les œufs et le jaune d'œuf. Bien mélanger jusqu'à l'obtention d'une consistance homogène (si la pâte est trop collante, ajouter un peu de farine au besoin). Envelopper et faire reposer une heure au réfrigérateur.

FINITION

Couper la pâte en deux et former deux rectangles d'environ 1 cm (1/2 po) d'épaisseur. Passer la pâte trois fois à la machine à pâte en diminuant le degré d'épaisseur à chaque fois. Saupoudrer généreusement de sucre à glacer à chaque fois afin d'empêcher la pâte de coller (si vous n'avez pas de machine à pâte, vous pouvez abaisser la pâte le plus mince possible à l'aide d'un rouleau à pâte). Détailler 6 carrés de 10 cm (4 po) et 6 carrés de 8 cm (3 po).

Répartir la ganache au centre des carrés de 8 cm (3 po) puis badigeonner les bordures de blanc d'œuf légèrement battu avec un peu d'eau. Recouvrir d'un carré de 10 cm (4 po) et bien presser les contours pour sceller le tout. Saupoudrer légèrement chaque ravioli de sucre à glacer, puis cuire au four préchauffé à 190 °C (375 °F) de 8 à 10 minutes.

Servir aussitôt, nappés de crème anglaise à l'orange.

Note : Les raviolis peuvent se préparer la veille et se cuire le lendemain. Dans ce cas, les conserver dans un contenant hermétique au réfrigérateur et les sortir une heure avant la cuisson. La crème anglaise peut se préparer jusqu'à trois jours à l'avance et se conserver au réfrigérateur.

Donne 6 portions
Temps de préparation : 20 minutes
Temps de cuisson : 10 minutes

PROPOS DE TABLE
(devant la cheminée)

— Comment pouvez-vous supporter ce froid durant six mois ?

— On fait comme dit la chanson : on met du feu dans la cheminée… Et ici, le bois brûle bien. C'est un bois bien dur…

— Et puis le soleil qui se couche à quatre heures…

— Pourquoi, tu n'aimes pas la nuit ? Moi, je trouve agréable de pouvoir commencer ma soirée encore plus tôt. J'ai l'impression qu'elle dure encore plus longtemps. Tu as encore froid ? Viens ici que l'on se colle. Je connais tout plein de bons trucs pour se réchauffer. Sais-tu comment font les Inuits du Grand Nord ? Ils se collent peau contre peau pour se garder bien au chaud… Et maintenant, que dis-tu des échanges culturels ?

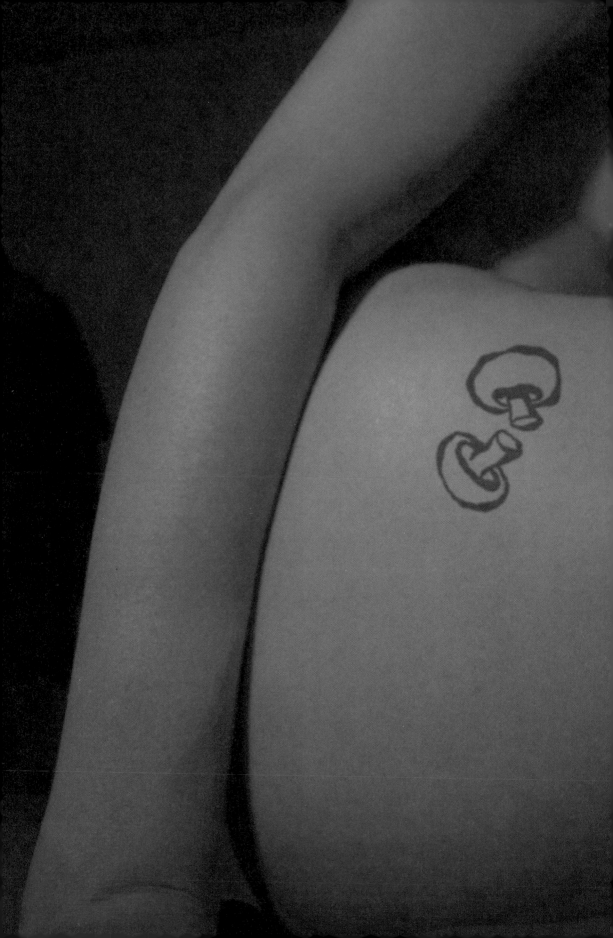

Le printemps en automne au Portugal

J'avais vingt ans et tous les désirs et toutes les illusions inhérents à cet âge. Je me souviens sans peine de cet été-là. Malgré mes maigres moyens d'étudiant, j'étais au Portugal où je me nourrissais de soleil et d'espoir, ce qui me laissait de longues heures pour dévorer des yeux toutes les merveilles que je croisais : des couchers de soleil à couper le souffle, des couleurs à faire rêver et… Anna D., une magnifique Portugaise qui était mon aînée de… Mais non, voyons, une femme ne dévoile pas son âge, et ne comptez pas sur moi pour la trahir ! Disons simplement que l'assurance procurée par son expérience transpirait dans ses gestes et me ravissait.

Elle était en vacances, comme moi. Or, tout nous séparait : je n'étais qu'un étudiant désargenté qui vivait sa bohème, tandis qu'elle gravitait dans les plus hautes sphères du pouvoir et de l'argent. J'étais au printemps de ma vie, elle était à l'automne de la sienne. Pourtant, le courant entre nous passa instantanément (appelez ça le coup de foudre et vous aurez une idée du haut voltage qui animait nos échanges).

Elle habitait une magnifique villa à flanc de colline avec vue sur le Douro. Là, juste sur les rives du grand fleuve où l'on cultive les raisins du fabuleux porto, elle me dit tendrement : « Je suis seule en ce moment, pourquoi ne viendrais-tu pas manger avec moi ce soir ? » C'est ainsi que débuta une aventure qui ne dura que quelques jours, mais dont chacun des instants ressemblait à une nuit sans fin, des nuits d'affamés qui se dévorent fiévreusement.

Dans un heureux mélange de vertige, de désir et de plaisir, je ne sais trop à quelle ivresse je goûtai davantage : celle du vin voluptueux ou celle de l'amour ?

Grande, blonde, mince, sportive, peau de bronze, lèvres gourmandes et corps de braise : Anna D. possédait tous les attributs pour me séduire, m'envoûter, me tenter, m'allécher et me rassasier… Elle avait donc décidé de brûler quelques calories de plaisir en m'initiant, généreusement et sans retenue, aux arts de la bouche, du corps et de la table. Dois-je préciser qu'elle était, en tout, un véritable maître et surtout une agréable maîtresse ? J'appris beaucoup d'elle. C'est donc dans cet esprit de savoir et de sage folie qu'elle allait me faire découvrir les beautés les plus secrètes des plus belles contrées (je parle évidemment du Portugal, mais on peut entendre autre chose…).

Ce premier repas partagé en sa compagnie me laissa le plus délicieux des souvenirs. Voici ce qu'elle nous avait préparé :

Au menu :

Ris de veau braisés aux champignons sauvages et au xérès

Salade d'épinards au croustillant de chorizo épicé

Casserole de coquillages et de morue à la crème d'ail rôti

**Soupe de cantaloup et de melon à la menthe fraîche
et au caramel de porto**

En hôte d'expérience, je crois bien qu'Anna D. voulait me surprendre et vérifier mon ouverture aux plaisirs nouveaux en me proposant des ris de veau apprêtés avec du xérès, ce vin que l'on fabrique un peu à l'est, de l'autre côté de la frontière, en Andalousie. Même si chacun sait que l'expérience ne s'achète pas, il faut tout de même reconnaître que la jeunesse a le mérite d'inviter au risque, à l'ouverture et au goût de l'aventure. Cette ravissante Anna D. s'en rendit bien compte et constata sans doute, en me regardant déguster ce plat très fin, que j'étais prêt à des sensations très fortes…

RIS DE VEAU BRAISÉS AUX CHAMPIGNONS SAUVAGES ET AU XÉRÈS

500 g (1 lb) de ris de veau
30 ml (2 cuillères à soupe) de beurre
2 carottes, pelées et coupées en dés
2 branches de céleri, coupées en dés
1 petit oignon, haché
2 feuilles de laurier
2 tiges de thym frais
1 1/2 L (6 tasses) d'eau
30 ml (2 cuillères à soupe) de beurre clarifié
200 g (7 oz) de champignons sauvages (chanterelles, morilles ou mousserons)
2 échalotes françaises, hachées
30 ml (2 cuillères à soupe) de miel
125 ml (1/2 tasse) de xérès
250 ml (1 tasse) de fond de veau
Sel et poivre du moulin

Faire tremper les ris dans une eau froide pendant 6 heures en prenant bien soin de changer celle-ci à toutes les heures. Dans une grande casserole, faire chauffer le beurre et ajouter les carottes, le céleri, et l'oignon. Faire suer pendant 5 minutes à feu doux. Ajouter le laurier, le thym et l'eau. Porter à ébullition et faire mijoter à feu moyen, à couvert pendant 45 minutes.

Parer les ris, c'est-à-dire enlever la membrane qui les recouvre. Porter le bouillon à ébullition et y plonger les ris. Baisser à feu moyen et faire mijoter pendant 5 minutes. Retirer du feu et laisser refroidir les ris dans leur bouillon de cuisson. Lorsque les ris sont refroidis, les dénerver et enlever toutes traces foncées. Envelopper les ris d'un linge humide puis les placer sous un poids pendant 12 heures.

Tailler les ris de façon à obtenir quatre portions et les assaisonner. Dans une grande poêle faire chauffer le beurre clarifié à feu moyen élevé et saisir les ris pendant environ 5 minutes ou jusqu'à ce qu'ils soient bien colorés. Ajouter les champignons, les échalotes, le miel et le xérès et faire réduire pendant 2 minutes. Ajouter le fond, baisser à feu doux, couvrir et poursuivre la cuisson de 8 à 10 minutes. Rectifier l'assaisonnement de la sauce et servir.

Donne 4 portions
Temps de préparation : de 60 à 75 minutes
Temps de cuisson : de 60 à 70 minutes

Après cette belle entrée en matière, nous étions prêts pour attaquer la salade, où les saveurs très relevées et celles plus douces se disputaient notre attention. Le décor de la villa d'Anna D. me donnait à voir un magnifique spectacle où le bleu et l'ocre se mariaient dans un savant ballet qui rappelait l'union de la terre et de l'eau. Un décor accueillant, débordant de coussins et de divans profonds, doux et favorables à l'union, nous entourait. De sa terrasse, j'apercevais la vallée sinueuse arrosée par les eaux tourmentées du Douro, un paysage de rêve dont la beauté se confondait avec le corps et l'esprit de ma maîtresse. Mon regard fou se déployait sur les courbes voluptueuses de mon amie alors que je nous imaginais en escapade amoureuse dans les gorges profondes du Douro, ce fleuve fabuleux.

SALADE D'ÉPINARDS AU CROUSTILLANT DE CHORIZO ÉPICÉ

4 à 6 tranches de bacon coupées en dés
150 g (5/8 tasse) de chorizo émincé finement
1 laitue frisée
250 g (9 oz) de jeunes pousses d'épinards
80 ml (1/3 tasse) d'oignon rouge haché finement
4 œufs
80 ml (1/3 tasse) de vinaigre de vin rouge
80 ml (1/3 tasse) de crème 35 %
15 ml (1 c. à soupe) de moutarde de Dijon
250 ml (1 tasse) de croûtons à l'ail
80 ml (1/3 tasse) d'huile d'olive
Poivre fraîchement moulu

Faire revenir dans une poêle à frire le bacon et le chorizo jusqu'à ce qu'ils rendent leurs graisses et qu'ils soient croustillants. Pendant ce temps, déchiqueter la laitue dans un grand saladier et la mélanger aux pousses d'épinards et aux oignons rouges. Fouetter la crème et la moutarde de Dijon. Faire pocher les œufs dans de l'eau bouillante légèrement vinaigrée. Déglacer le bacon avec le vinaigre de vin et verser cette préparation fumante sur la salade. Ajoutez la crème à la moutarde fraîche, les croûtons à l'ail. Poivrer et mélanger délicatement. Servir la salade dans de grandes assiettes creuses et garnir chaque portion d'un œuf poché.

Donne 4 portions
Temps de préparation : 15 minutes

Jamais encore je n'avais réalisé tous les liens intimes qui unissent les plaisirs de la table et ceux de l'alcôve. Jamais encore je n'avais compris combien le mystère d'un pays se révèle à travers sa nourriture. Avec Anna D., je découvris donc le Portugal des sens. Un festival qui se goûte avec les yeux, les mains, la bouche…

CASSEROLE DE COQUILLAGES ET DE MORUE À LA CRÈME D'AIL RÔTI

4 gousses d'ail pelées
4 échalotes françaises pelées
30 ml (2 cuillères à soupe) d'huile d'olive
2 douzaines de moules fraîches
2 douzaines de palourdes fraîches
250 ml (1 tasse) de vin blanc sec
3 échalotes françaises hachées finement
15 ml (1 cuillère à soupe) de beurre
80 ml (1/3 tasse) de crème 35 %
400 g (14 oz) de filet de morue fraîche,
coupé en cubes d'environ 2,5 cm (1 po)
60 ml (1/4 tasse) de persil frais haché finement
Poivre du moulin

Déposer les gousses d'ail et les échalotes entières * sur une plaque de cuisson, puis ajouter l'huile d'olive et bien enrober le tout. Faire rôtir au four préchauffé à 180°C (350°F) pendant 15 minutes ou jusqu'à ce que l'ail et les échalotes soient tendres.

Brosser et rincer à l'eau froide les moules et les palourdes. Dans une grande casserole, porter à ébullition le vin blanc, les échalotes hachées et le beurre. Y ajouter ensuite les moules et les palourdes. Couvrir et laisser mijoter à feu moyen en remuant régulièrement pendant environ 5 minutes ou jusqu'à ce que toutes les coquilles soient ouvertes. Jeter les coquilles restées fermées ; réserver les autres au chaud. Filtrer le jus de cuisson à la passoire et réserver.

À l'aide d'un mélangeur électrique, transformer la crème, les échalotes et l'ail rôti en une sauce homogène. Incorporer cette sauce au jus de cuisson des moules et faire réduire à feu vif pendant environ 5 minutes. Faire pocher la morue dans ce bouillon pendant 5 minutes. Dans de grandes assiettes creuses, partager la morue et les coquillages. Napper généreusement de sauce, parsemer de persil, assaisonner et servir.

* Si les échalotes sont grosses, les couper en deux afin d'obtenir la même grosseur que les gousses d'ail.

Donne 4 portions
Temps de préparation : 20 minutes
Temps de cuisson : 35 minutes

Anna D. parlait notre langue avec un délicieux accent d'où perçaient des éclats de soleil et où je croyais surprendre le reflet des montagnes dans la mer. Je pouvais aussi à l'occasion déceler dans les yeux de braise de mon amie toute la nostalgie diffuse de ce pays si attachant, la *saudade*, comme disent les Portugais.

SOUPE DE CANTALOUP ET DE MELON
À LA MENTHE FRAÎCHE ET AU CARAMEL DE PORTO

SOUPE DE CANTALOUP ET DE MELON

250 ml (1 tasse) de cantaloup
250 ml (1 tasse) de melon miel
250 ml (1 tasse) de porto blanc
30 ml (2 cuillères à soupe) de miel
30 ml (2 cuillères à soupe) de menthe fraîche, hachée finement
1 bâton de cannelle
1 gousse de vanille fraîche
Feuilles de menthe pour la décoration

CARAMEL DE PORTO

80 ml (1/3 tasse) de jus de citron vert
15 ml (1 cuillère à soupe) de sucre
80 ml (1/3 tasse) de miel
30 ml (2 cuillères à soupe) de porto infusé, réservé

SOUPE DE CANTALOUP ET DE MELON

À l'aide d'une cuillère parisienne, prélever de petites boules dans le cantaloup et le melon miel ou, si vous n'avez pas de cuillère parisienne, couper les fruits en petits dés. Réserver au frais.

CARAMEL DE PORTO

Dans une casserole à fond épais, porter à ébullition le porto, le miel, la menthe, la cannelle et les graines de vanille prélevées de la gousse. Faire mijoter à feu doux pendant 5 minutes. Retirer du feu et laisser refroidir. Dans un grand saladier, mélanger le cantaloup, le melon miel et la préparation de porto (réserver 30 ml [2 cuillères à soupe] pour le caramel). Servir dans de grandes coupes à margarita ou à martini. Napper d'un peu de caramel de porto et agrémenter d'une feuille de menthe fraîche.

Dans une casserole à fond épais, porter à ébullition tous les ingrédients et faire réduire pendant environ 15 minutes ou jusqu'à l'obtention d'un caramel onctueux. Laisser refroidir quelques minutes au réfrigérateur avant de servir.

Donne 4 portions
Temps de préparation : 20 minutes
Temps de cuisson : 15 minutes

Un repas à son image: raffiné et élégant, sans artifices inutiles. Un savant mélange de saveurs, d'odeurs et de couleurs comme elle savait si bien le faire, que ce soit pour s'habiller, décorer ou… aimer.

Oui, j'appris beaucoup d'elle. Je compris entre autres qu'on ne goûte vraiment l'amour qu'entre les bras de l'être aimé; qu'on ne saisit véritablement un pays qu'à travers sa gastronomie. Mais avant tout, je compris que lorsqu'on mange en compagnie de celle que l'on aime, on goûte réellement le bonheur! Les Grecs ne disent-ils pas qu'il ne faut pas tant regarder ce que l'on mange qu'avec qui l'on mange?

Durant une idylle qui dura le temps que dure la liberté sans limites et sans contraintes, je découvris des étendues de plages accueillantes et des criques belles à croquer, des coins et des recoins encore secrets que seuls des amoureux peuvent connaître. Je n'avais qu'à me plonger dans ses yeux pour découvrir l'immensité d'un paysage sans cesse parcouru mais toujours nouveau. Le grain de sa peau ou celui du sable, la caresse du soleil ou celui de sa main, se laisser porter par une vague de joie caressante à souhait ou être bercé par les eaux de la mer enveloppante… Tout nous était permis et nos âmes se rejoignaient au-delà de toutes les frontières.

Boire avec elle le porto en soirée, c'était sentir les larmes du raisin couler dans la gorge de l'amour. On ne pouvait connaître d'ivresse plus envahissante ou voluptueuse. Elle était à elle seule un pays, un continent… Elle incarnait surtout l'amour dans un corps de femme mûre.

C'est tout un pays, un pays de saveurs qu'Anna D. m'a fait découvrir. Une envolée dans le temps et l'espace, hors des barrières du temps et de l'espace, où rien ne survient que la perfection. J'ai gardé de ce pays le plus enivrant des souvenirs, dans lequel je ne me lasse pas du Portugal et où je m'enlace à elle.

PROPOS DE TABLE
(sur la terrasse surplombant la mer)

— Moi ? Ce fut instantané. Dès que je t'ai aperçu au restaurant, j'ai su que tu étais… enfin, j'ai su que tu me plaisais. Tu mangeais avec appétit, joie, vigueur et avec une certaine brutalité… sans grandes manières. Oui, j'avoue que ça m'a plu instantanément. On apprend beaucoup en regardant quelqu'un manger. Je crois en fait qu'on mange comme on fait l'amour. Tu repères très vite le paresseux, l'égoïste, le timide…

— La capricieuse, la frigide…

— Oui, oui, tout cela et bien plus. Pas seulement par ce qui se trouve dans son assiette, mais dans les manières et la façon de manger. On mange avec les mains, la bouche, mais aussi avec les yeux, le nez… On mange avec tous ses sens, comme en amour. Et j'ai bien vu, à tes airs de gourmand, que tu ne manquais de rien. Vraiment rien. Mais dis-moi, toi ? Quand as-tu…

— Quand ai-je succombé à ton charme dévastateur ? Eh bien, la première fois, c'était il y a bien longtemps. Une nuit, tu m'étais apparue comme une fée dans un rêve si doux et si puissant que, depuis ce temps-là, je suis à ta recherche. Ne savais-tu pas que c'est toi seule que je cherchais en venant au Portugal ?

— Charmeur va, arrête ton cinéma et viens manger ton dessert.

— Encore du dessert ! Qu'est-ce que c'est ?

— C'est moi.

— Mmmm… Mon dessert favori.

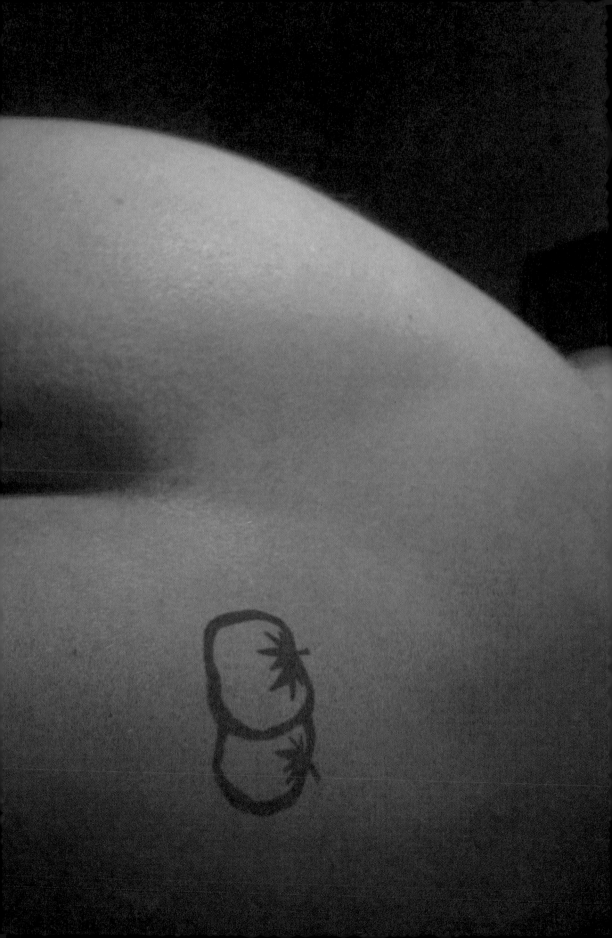

Valentin coquin
pour ma féline valentine

« Le repas gagne en sensations érotiques et exacerbe les désirs amoureux
parce qu'alors table et lit ne font plus qu'un. »

NOËLLE CHÂTELET

Disons-le d'emblée : la Saint-Valentin et son attirail commercial ne m'excitent pas outre mesure. Je dirais même qu'un certain mal de cœur s'empare de moi lorsque je vois les magasins envahis par les peluches roses et les kilomètres d'étalages de mauvais chocolat s'ennuyant tristement, et depuis trop longtemps, dans leur boîte en forme de cœur. Plus rien n'a de saveur et les nouveaux emballages de mauvais goût sont peut-être les mêmes d'une année à l'autre. Le kitsch n'a pas d'âge et n'a pas de date de péremption, hélas !

Pourtant… Comment pourrais-je en vouloir à ceux qui ont inventé la Saint-Valentin ? Qui ne souhaite pas célébrer la fête de l'amour au cœur de la saison froide ? Qui ne veut pas d'une pause torride au sein d'un hiver glacial ? Qui n'espère se réchauffer le cœur auprès d'un corps chaud ? Bref, qui ne désire secrètement célébrer les vertus du vice ? Ne comptez pas sur moi pour passer mon tour. Retenons donc les bonnes intentions de cette fête et oublions ses mauvaises représentations.

Seulement, ne vous attendez pas à me voir pour offrir des cartes de souhait qui répéteront la sempiternelle rengaine des amoureux, préfabriquée par une industrie du charme dont l'unique moyen de séduction réside dans le bruit du tiroir-caisse.

Oubliez le velours et la soie en forme de cœur, les restaurants qui proposent leur menu spécial au son d'un quatuor italo-hawaïen, les motels qui promettent des séries roses pour vos nuits blanches… Oubliez tout ça, fuyez les cupidons en couche, et retrouvez le véritable goût de l'amour. Car le mauvais goût fait fuir le désir. Le soir de la Saint-Valentin, si vous ne voulez pas faire preuve d'imagination, aussi bien rester chez vous.

Toutes les Saint-Valentin se suivent, mais ne se ressemblent pas. Je me souviens (oui, c'était un 14 février, comme par hasard) d'une fête avec Jojo où nous avions souligné la chose avec beaucoup d'amour et autant de joie. Disons que ni elle ni moi ne voulions, ce soir-là, bouder notre plaisir. Il y avait beaucoup de réjouissance dans l'air !

Comme je n'ai jamais nourri l'ambition de réinventer la roue, j'avais, pour marquer mes intentions, envoyé sous forme de télégramme une invitation en bonne et due forme à ma douce, qui se trouvait alors à son boulot. Ça se lisait à peu près comme suit :

Mon cher amour,

Vous êtes chaleureusement conviée à un souper gastronomique où je vous promets de faire valser vos papilles tout autant que votre corps dans une débauche de saveurs où nos cœurs seront à l'unisson de nos corps.

Ce spectacle intime mettra en vedette : nous et seulement nous.

Réservez-vous sans réserve pour cette soirée de repas et de pas de danse décadents.

P.-S. : Tenue légère et sexy de rigueur.

Ai-je vraiment besoin de vous raconter le déroulement de cette fête qui dura, je dois le préciser, plus longtemps que ne dure la Saint-Valentin ? Pourquoi diable l'amour devrait-il se contenter de vingt-quatre heures pour célébrer sa fête ?

J'avais, pour l'occasion, préparé des bouchées cochonnes (évidemment) : un repas à manger avec les mains pendant que les yeux dévorent l'être aimé et que… Enfin, ajoutons simplement que l'un des avantages de ces repas composés de petites bouchées est que l'on peut l'interrompre à notre guise pour passer à autre chose… Et ce, tant que l'on désire ou tant que nos forces nous le permettent.

Dernière recommandation, donnée sous la forme d'un commandement : le repas pourra se consommer partout, excepté autour de la table de la salle à manger.

Au menu des plaisirs de la chair :

Croûtons de fromage de chèvre au thym frais et aux tomates confites

Huîtres en coquille, légèrement pochées, au parfum d'Orient

Brochettes de saumon grillé au gingembre et aux agrumes

**Petites gougères farcies à la mousse de foie de volaille
au porto et noisettes**

Tomatillos farcis d'hoummos à l'ail

Sushis au chocolat blanc et à la mangue fraîche

Aiguillettes d'oranges confites au sirop d'érable

Truffes au chocolat noir et au gingembre

Avant d'aller plus loin, peut-être serait-il bon de mettre une chose au point : lorsqu'on dit que la Saint-Valentin est la fête de l'amour, ce n'est pas le romantisme qu'il faut évoquer, mais plus crûment les corps et le désir qu'ils font naître. Si vous ne le savez pas déjà, la Saint-Valentin tire son origine des lupercales, célébrées dans la Rome antique le 14 février en l'honneur de Lupercus, dieu de la fertilité, des troupeaux et des bergers. Ce jour-là, comme les Romains étaient plutôt ripailleurs, les célébrations s'accompagnaient, bien entendu, de festins et d'orgies variées. Joli programme, non ?

On connaît au moins sept saints Valentin dans la chrétienté, mais ce que je retiens, ce sont les origines latines de Valentin (*valens*), qui signifie « plein de vigueur ». De la vigueur, en effet, les amoureux n'en ont jamais trop lorsqu'il s'agit des manèges de l'amour. Mais en aucun temps la vigueur ne doit exclure la douceur. Le valentin n'est peut-être pas très loin non plus du galantin (qui donnera le galant d'aujourd'hui) qui signifiait au Moyen Âge un être vif et bouillonnant. Tout cela pour dire que vif, ardent ou vigoureux, je l'étais ce soir-là, dans le plus bel esprit de la fête.

Saviez-vous qu'il existe un langage secret des herbes et aromates ? Ainsi, le thym signifie « un amour durable » selon la croyance populaire. Offrir du thym à sa bien-aimée revient donc à lui dire : je ne t'oublierai jamais. Peut-on imaginer un langage plus approprié pour accompagner une bouchée de la Saint-Valentin ?

CROÛTONS DE FROMAGE DE CHÈVRE AU THYM FRAIS ET AUX TOMATES CONFITES

10 tomates italiennes mondées, épépinées et coupées en deux
60 ml (1/4 tasse) d'huile d'olive
15 ml (1 cuillère à soupe) de sel
30 ml (2 cuillères à soupe) de vinaigre balsamique
15 ml (1 cuillère à soupe) de miel
15 ml (1 cuillère à soupe) de fleur d'ail
45 ml (3 cuillères à soupe) de thym frais haché
250 g (9 oz) de fromage de chèvre frais
30 ml (2 cuillères à soupe) de crème 35 %
2 gousses d'ail, hachécs finement
Une vingtaine de croûtons frais
Poivre du moulin

Faire confire (attendrir et gorger de sirop) les tomates. À l'aide d'un fouet, mélanger l'huile, le sel, le vinaigre, le miel, la fleur d'ail et 15 ml (1 cuillère à soupe) de thym. Déposer les moitiés de tomate du côté arrondi sur une plaque à biscuits. Les badigeonner généreusement du mélange d'huile et cuire au four préchauffé à 120 °C (250 °F) pendant deux heures.

À l'aide du mélangeur électrique ou du robot culinaire, transformer l'ail, le fromage de chèvre, la crème et le reste de thym en une purée onctueuse. Garnir généreusement les croûtons de la garniture au fromage de chèvre et compléter avec une demi-tomate confite. Si désiré, passer les croûtons sous le grill du four de une à deux minutes avant de servir.

Donne 20 bouchées
Temps de préparation : 20 minutes
Temps de cuisson : 2 heures

Ai-je besoin de vous dire combien les huîtres sont favorables aux jeux de l'amour? Reportez-vous au repas que j'ai élaboré exclusivement autour des huîtres (voir page 89). Si Casanova ne pouvait s'en passer, pourquoi vous en priveriez-vous?

HUÎTRES EN COQUILLE, LÉGÈREMENT POCHÉES, AU PARFUM D'ORIENT

2 douzaines d'huîtres fraîches en coquille, brossées et lavées
45 ml (3 cuillères à soupe) de sauce Tamari ou de sauce soya
60 ml (1/4 tasse) de fumet de poisson
30 ml (2 cuillères à soupe) de gingembre frais râpé
30 ml (2 cuillères à soupe) de vinaigre de riz
60 ml (1/4 tasse) de sauce aux fèves noires
3 oignons verts émincés finement

À l'aide d'un couteau à huîtres, ouvrir les huîtres et couper le muscle reliant le mollusque à la coquille. Récupérer le jus de l'huître et le passer au tamis.

Dans une petite casserole, mélanger le jus des huîtres, la sauce Tamari, le fumet de poisson, le gingembre, le vinaigre, la sauce aux fèves noires et les oignons verts. Porter à ébullition, puis laisser mijoter pendant 2 minutes.

Replacer l'huître dans la partie de la coquille la plus creuse. Napper chaque huître de sauce et faire cuire au four préchauffé à 180°C (350°F) pendant environ 10 minutes. Servir aussitôt.

Donne 24 bouchées
Temps de préparation : 40 minutes
Temps de cuisson : 12 minutes

Parions que vous ignoriez la chose : au Sénégal, les femmes se fabriquent une ceinture avec des tubercules de gingembre afin de favoriser la vigueur sexuelle de leur mari. Le plaisir d'un certain exotisme réside, je n'en doute plus, dans la stimulation de notre imaginaire. J'avoue qu'imaginer Jojo vêtue d'une simple ceinture de gingembre… Ouf !

BROCHETTES DE SAUMON GRILLÉ AU GINGEMBRE ET AUX AGRUMES

500 g (1 lb) de saumon de l'Atlantique sans peau
125 ml (1/2 tasse) d'huile de tournesol
30 ml (2 cuillères à soupe) de fleur d'ail
60 ml (1/4 tasse) de vin blanc
60 ml (1/4 tasse) de sauce Tamari ou de sauce soya
Le jus et le zeste d'une orange
4 gousses d'ail hachées grossièrement
60 ml (1/4 tasse) de gingembre pelé et haché grossièrement
30 ml (2 cuillères à soupe) d'huile de tournesol
250 ml (1 tasse) de fumet de poisson
80 ml (1/3 tasse) de crème 35 %

Tailler le saumon en cubes d'environ 2,5 cm (1 po). À l'aide d'un fouet, mélanger 125 ml (1/2 tasse) d'huile, la fleur d'ail, le vin blanc, la sauce Tamari et le jus d'orange. Faire mariner les cubes de saumon dans cette préparation pendant une heure au réfrigérateur.

Préchauffer le four à 150 °C (300 °F). Dans une petite casserole, porter de l'eau à ébullition et y plonger le zeste de l'orange pendant une minute. Sur une plaque à cuisson, mélanger le zeste blanchi, l'ail, le gingembre et 30 ml (2 cuil-lères à soupe) d'huile. Faire rôtir au four pendant environ 20 minutes. Pendant ce temps, préparer les brochettes de saumon mariné et réserver.

À l'aide du mélangeur électrique, transformer en une sauce homogène le fumet de poisson, l'ail, le zeste et le gingembre rôti, ainsi que 60 ml (1/4 tasse) de la marinade du saumon. Passer au tamis puis verser dans une petite casserole à fond épais. Porter à ébullition et faire réduire de moitié. Ajouter la crème et laisser réduire encore pendant 5 minutes. Déposer les brochettes de saumon sur une plaque et faire cuire au four préchauffé à 200 °C (400 °F) pendant 12 mi-nutes. Pour servir, napper les brochettes de cette sauce parfumée et décorer d'une tranche d'orange.

Donne 4 portions
Temps de préparation : 20 minutes
Temps de macération : 1 heure
Temps de cuisson : 40 minutes

Les mousses ont été inventées au moment où triomphaient les « précieuses » que Molière a si habilement mises en scène dans *Les Précieuses ridicules*. Elles se voulaient un aliment raffiné pour gens tout aussi raffinés. Mon plaisir à moi, quelques siècles plus tard, c'est d'en faire une bouchée absolument décadente dans le raffinement de mon plaisir. Vous ne pouvez pas vous douter où ça peut se loger quand on décide d'en manger sur la peau nue de sa bien-aimée… Mais je vous laisse l'imaginer, ou mieux : l'essayer.

PETITES GOUGÈRES FARCIES À LA MOUSSE DE FOIE DE VOLAILLE AU PORTO ET NOISETTES

GOUGÈRES

100 g (1/2 tasse) de beurre
150 g (1 1/3 tasse) de farine
4 œufs
150 g d'emmenthal suisse
250 ml (1 tasse) de lait
1 œuf battu

MOUSSE DE FOIE DE VOLAILLE

250 ml (1 tasse) de porto
20 noisettes
Sel et poivre du moulin
450 g (1 lb) de foie de volaille
4 tranches de bacon coupées en dés
80 ml (1/3 tasse) de crème 35 %
150 g (5 oz) de beurre ramolli

GOUGÈRES

Faire chauffer le lait jusqu'à ce qu'il frétille. Réduire ensuite le feu à doux. Faire fondre le beurre. Retirer du feu. Ajouter la farine et mélanger vigoureusement à la cuillère de bois. Incorporer ensuite les œufs un à un en mélangeant intimement. Incorporer le fromage râpé et mélanger à nouveau. À l'aide d'une cuillère à soupe, façonner des boules de pâte et les déposer sur une plaque à biscuits. Badigeonner chaque boule de pâte d'œuf battu. Cuire au four à 175 °C (350 °F), une vingtaine de minutes, jusqu'à ce qu'elles soient bien gonflées et dorées. Laisser refroidir et réserver au réfrigérateur.

Donne 8 portions
Temps de préparation : 15 minutes
Temps de cuisson : 30 minutes

MOUSSE DE FOIE DE VOLAILLE

Dans un bol, mélanger le porto, les noisettes, le sel et le poivre. Faire macérer le foie de volaille environ 24 heures au réfrigérateur pour le gorger d'alcool. Le lendemain, égoutter le foie de volaille en prenant soin de réserver les noisettes. Dans une poêle à frire, faire dorer le bacon à feu vif. Ajouter le foie de volaille et faire sauter quelques minutes pour qu'il soit grillé à l'extérieur et rosé à l'intérieur. Retirer le bacon et le foie et déposer dans le récipient du mélangeur. Ajouter la crème, les noisettes, le beurre ramolli et quelques gouttes de porto. Transformer en une purée onctueuse et verser dans un plat à terrine. Orner de quelques noisettes entières et d'une ou deux feuilles de laurier. Laisser prendre au réfrigérateur environ une heure avant de servir.

Couper les gougères en deux comme un sandwich et les fourrer généreusement de foie de volaille.

Donne de 6 à 8 portions
Temps de préparation : 15 minutes
Temps de macération : 24 heures
Temps de cuisson : de 5 à 10 minutes

Pour tout dire, je ne me souviens plus où nous en étions quand nous avons attaqué ces délicieuses bouchées. L'hoummos est fabriqué à partir de pois chiches et de tahini (le pois chiche a la réputation de venir au secours d'une sexualité défaillante, ce qui, Dieu merci, n'était pas mon cas). On le sert habituellement en trempette. « Moi, j'aime bien les trempettes… » m'a susurré à l'oreille mon amour avant de m'attaquer. Pardon ! Avant d'attaquer le plat… Jojo a tout mangé à elle seule, mais ça ne fait rien, je vous assure que nous nous sommes tous deux régalés !

TOMATILLOS FARCIS D'HOUMMOS À L'AIL

110 ml (3/8 tasse) d'huile d'olive
4 gousses d'ail, pelées
540 ml (19 oz) de pois chiches en conserve, égouttés
45 ml (3 cuillères à soupe) de tahini
125 ml (1/2 tasse) de jus de citron
24 tomates cerises rouges
24 tomates cerises jaunes
Sel et poivre du moulin

Dans une petite casserole à fond épais, faire chauffer 30 ml (2 cuillères à soupe) d'huile d'olive à feu moyen et faire cuire l'ail de cinq à huit minutes ou jusqu'à ce que les gousses soient dorées et tendres. À l'aide du robot culinaire ou du mélangeur électrique, transformer en une purée onctueuse et homogène les pois chiches, le tahini, le jus de citron, 80 ml (1/3 tasse) d'huile d'olive et l'ail. Saler et poivrer. Réserver.

Prélever une fine tranche du dessous de la tomate de manière à ce que celle-ci ait une base stable. Couper ensuite le dessus de la tomate pour en faire un chapeau et vider l'intérieur à l'aide d'une cuillère parisienne. Farcir chaque tomate d'hoummos et couvrir avec le chapeau. Conserver au réfrigérateur jusqu'au moment de servir.

Donne environ 48 bouchées
Temps de préparation : 30 minutes
Temps de cuisson : de 5 à 8 minutes

Cette partie du repas est trop crue pour que je puisse vous décrire comment j'ai entrepris de manger ces petites bouchées si joliment présentées. Dites-vous simplement que les jeux de l'amour ne craignent pas la crudité et que le dessert de sushis au chocolat blanc et à la mangue fraîche a dû attendre que Jojo et moi soyons repus de nous-mêmes pour que nous l'attaquions enfin.

SUSHIS AU CHOCOLAT BLANC ET À LA MANGUE FRAÎCHE

375 ml (1 1/2 tasse) de lait
150 ml (5/8 tasse) de riz à grains ronds (riz à sushi)
60 ml (1/4 tasse) de sucre
1 gousse de vanille
90 g (3 oz) de chocolat blanc haché
15 ml (1 cuillère à soupe) de zeste d'orange râpé finement
2,5 ml (1/2 cuillère à thé) de cardamome moulue
1 mangue fraîche coupée en tranches fines
Feuilles de menthe fraîche

Dans une petite casserole, réunir les trois premiers ingrédients. Couper la gousse de vanille en deux sur le sens de la longueur puis, à l'aide d'un couteau, prélever les graines à l'intérieur de la gousse. Ajouter les graines de vanille au riz. Couvrir, porter à ébullition, puis faire cuire à feu doux de 25 à 30 minutes ou jusqu'à ce que le liquide soit complètement absorbé et que le riz soit tendre.

Retirer la casserole du feu, ajouter le chocolat, le zeste et la cardamome. Bien mélanger jusqu'à ce que le chocolat soit complètement fondu. Transvider dans un bol et laisser au réfrigérateur pendant environ deux heures ou jusqu'à consistance.

À l'aide d'une cuillère, façonner des quenelles en forme de sushis. Déposer de fines tranches de mangue sur chaque sushi et envelopper la base d'une feuille de menthe fraîche.

Donne environ 24 sushis
Temps de préparation : 30 minutes
Temps de réfrigération : 2 heures
Temps de cuisson : 30 minutes

Chocolat, chocolat, encore du chocolat! Mon royaume pour du chocolat. Oui, le chocolat est l'aliment par excellence des amoureux; vous le saviez déjà et tous les cupidons de la Saint-Valentin le savent aussi. Je n'ai donc pas besoin de vous parler de la phényléthylamine qu'il contient et qui a comme effet d'éveiller les sens. Oui, le chocolat est un relais parfait pour intensifier les états d'âme. Les nôtres étaient en courts-circuits. Nous avons ainsi continué de disjoncter jusqu'au petit matin… Joyeuse Saint-Claude, ma chérie (hé oui, nous sommes maintenant le 15 février)!

AIGUILLETTES D'ORANGES CONFITES AU SIROP D'ÉRABLE

4 belles oranges
500 ml (2 tasses) de sirop d'érable
200 g (7 oz) de chocolat noir mi-amer

Peler les oranges à vif, c'est-à-dire, à l'aide d'un couteau, trancher la peau de l'orange de haut en bas, tout autour du fruit. Couper ensuite les zestes en aiguillettes d'environ 0,5 cm (1/4 po) de largeur.

Dans une petite casserole, recouvrir les zestes d'eau froide, porter à ébullition et faire mijoter pendant deux minutes. Égoutter, rincer à l'eau froide puis répéter ces étapes deux fois. À la toute fin, bien essuyer les zestes sur un papier absorbant.

Dans une petite casserole à fond épais, porter le sirop d'érable à ébullition, ajouter les zestes et faire confire à feu doux pendant environ 1 h 30. À l'aide d'une fourchette, retirer les zestes du sirop, puis les déposer sur une grille. Laisser sécher dans un endroit sec pendant environ 8 heures *.

Râper le chocolat et le faire fondre au bain-marie ou au four à micro-ondes. Piquer les zestes confits à l'aide d'une fourchette et les tremper dans le chocolat fondu. Déposer sur un papier sulfurisé et laisser refroidir à la température de la pièce pendant une heure.

* Lorsque les zestes sont confits, simplement les laisser dans le four éteint pour la nuit. Attention : le four d'une cuisinière électrique seulement, car le pilote des fours au gaz dégage toujours de la chaleur.

Donne environ une centaine d'aiguillettes
Temps de préparation : 25 minutes
Temps de séchage : 8 heures
Temps de refroidissement : 1 heure
Temps de cuisson : 1 h 40

TRUFFES AU CHOCOLAT NOIR ET AU GINGEMBRE

60 ml (1/4 tasse) de beurre doux ramolli
180 ml (3/4 tasse) de crème 35 %
15 ml (1 cuillère à soupe) de miel
30 ml (2 cuillères à soupe) de gingembre frais râpé
225 g (1/2 lb) de chocolat mi-sucré râpé
Noix de coco râpée ou sucre glace

Dans une casserole à fond épais, mélanger intimement le beurre doux, la crème, le miel et le gingembre. Faire chauffer doucement à feu moyen en évitant toute ébullition et en mélangeant de temps à autre avec une cuillère de bois. Retirer du feu, ajouter le chocolat râpé et mélanger jusqu'à ce qu'il soit complètement fondu. Verser le mélange dans un bol, laisser tiédir, puis faire réfrigérer au moins 5 heures. À l'aide d'une cuillère, façonner de petites truffes à partir du mélange et les rouler dans le sucre glace ou encore dans la poudre de cacao de manière à bien les enrober. Conserver les truffes bien emballées au réfrigérateur jusqu'au moment de la dégustation.

Donne de 4 à 6 portions
Temps de préparation : 20 minutes
Temps de cuisson : 20 minutes

PROPOS DE TABLE

«Que tu es belle, que tu es charmante, ô amour, ô délices!
Dans ton élan tu ressembles au palmier, tes seins en sont les grappes.
Ton nombril est comme une coupe, où les vins n'y manquent pas!
Ton ventre, un monceau de froment de lis environné.
Tes deux seins ressemblent à deux faons, jumeaux d'une gazelle.
Tes seins, qu'ils soient des grappes de raisin,
le parfum de ton souffle, celui des pommes;
ta voix, un vin exquis!»

(Extrait du «Cantique des cantiques»)

Sexy farniente
(sur une île de rêve)

Il y a quelques années à peine, chacun pouvait se targuer de connaître un bout de plage sauvage et désert encore épargné par les grands hôtels, les buildings, les restaurants, les « clubs chers » et autres ghettos de touristes… Aujourd'hui, on peine beaucoup plus à trouver ces petits coins de paradis perdu.

Pour chacun d'entre-nous, il s'agissait de conserver, comme un secret précieux que l'on ne dévoilait qu'à quelques amis triés sur le volet, le souvenir d'une plage de sable blanc, flanquée de beaux palmiers, baignée d'une mer bleu turquoise, léchée par des vagues sensuelles et douces, bercée par une brise légère et… Ai-je besoin de continuer ? Un véritable jardin d'Éden, tout droit sorti de nos fantasmes les plus fous. Un lieu de rêve qui valait toutes les beautés de toutes les cartes postales réunies. Une plage où lcs nordiques que nous sommes, assoiffés de soleil et de chaleur, s'ébattaient, nus et sans retenue…

Ma carte postale à moi se situait à… Vous n'avez tout de même pas cru que j'allais vous dévoiler le nom de ce paradis perdu qui désire encore le rester ? Tout de même… Disons simplement que cette plage se trouvait sur une île qui était alors, contrairement à ceux qui la visitaient, presque vierge.

Cet hiver-là, nous sommes partis, quelques amis de l'université et moi, garçons et filles, à l'aventure tropicale, loin du « royaume du calcium », en quête de coups de soleil passagers et de coups de foudre permanents, bref, à la recherche d'une douce oisiveté empreinte de sensualité…

Nous avions réservé, à proximité de la plage, un petit hôtel qui ne connaissait pas la classification des étoiles et ne s'embêtait pas d'offrir davantage qu'un lit coincé entre quatre murs et quelque chose comme un service de restauration, mais qui offrait tout de même de quoi se désaltérer. Cette austérité ajoutait au charme de l'endroit et personne ne se serait laissé décourager par cette simplicité toute volontaire. Au contraire : c'était une invitation à la rencontre de l'aventure et une incitation aux rencontres d'aventures. Et puis, en réalité, le confort de l'hôtel importait peu puisque la plage, à elle seule, nous servirait d'hébergement quatre étoiles ou trois X, selon le goût du moment ou le goût des partenaires !

La jeunesse estudiantine du monde entier transitait par cette petite île de plaisirs, avions-nous été prévenus (or, un homme averti en vaut deux, ce qui peut s'avérer utile devant la perspective de tant de belles rencontres). Au rendez-vous de la jeunesse (avide de savoir, comme chacun le sait), nous n'avons pas été déçus ! À quelques mètres de notre hôtel, la plage s'offrait : paisible, vierge et tranquille. C'est là que nous nous réunissions, des dizaines de jeunes curieux et autant de belles curieuses qui souhaitaient tous connaître la spécialité de l'autre (je parle d'études, bien sûr).

La peau bronzée, la parole aisée, l'élégance et la séduction tenaient lieu de diplômes. Les études interculturelles étaient à l'ordre du jour. Plusieurs avaient installé hamac et bivouac dans l'espoir de rester dans ce coin de paradis pour l'éternité, sinon toute une vie, enfin, au moins deux semaines…

De toutes les cultures et de toutes les provenances, cette année-là, au *mundial* des plaisirs, c'était l'Italie qui régnait en nombre et en charme, championne féminine toutes catégories des beautés de plages. Camping ou pas, pour les Italiens, la bouffe n'est pas affaire de plaisanterie. Entre les corps de braise et le feu de la passion, il y a des principes sacrés que l'on peut résumer par cette formule qui constitue le onzième commandement de toute religion épicurienne : on-ne-néglige-jamais-la-gastronomie-un-point-c'est-tout ! Il fallait voir chacune et chacun exécutant des exploits culinaires à tour de rôle pour faire honneur à Rome et à ses provinces. C'est fou ce que l'on peut réaliser sur un simple feu de braise. Mais il est vrai qu'en ce domaine, la jeunesse ne manque pas plus de carburant que d'imagination.

C'est là, dégustant les derniers vestiges d'une agape improvisée et bien arrosée, un après-midi où le ciel s'était voilé avec humidité et sensualité, menaçant par ses gros nuages lourds de laisser éclater sur nous une pluie de bonheur, c'est là, donc, que je l'aperçus, elle, véritable amazone, tigresse des plages qui menaçait à l'instant de me faire éclater d'une ondée de plaisir. Elle, c'était Maria : longue crinière bouclée, petit nez pointu couvert de fines taches de rousseur, yeux noisette en amande, lèvres charnues et pulpeuses, corps fauve et bronzé dont je vous ferai l'économie d'une description en détail, préférant vous laisser imaginer ce que la perfection peut signifier quand elle s'incarne dans les courbes féminines… Autant de délices qui hantent encore mes souvenirs et qui provoquent parfois aujourd'hui chez moi, je l'avoue, quelques désirs soudains, quelques frémissantes réminiscences charnelles. Un fantasme sur pattes, mais tout en chair et en réalité, échappé des plus beaux clichés, ceux qui ne se laissent pas capter sur une carte postale mais qui font rêver, même éveillé. Tous mes amis en bavaient de désir et c'est moi, moi le chanceux, qui eut le privilège, le temps des vacances, de jouer auprès d'elle au *beach bum* de service.

Elle balbutiait quelques mots français entremêlés d'expressions québécoises que je n'avais pas tardé à lui apprendre et qu'elle me servait de son délicieux accent, en faisant rouler et tressaillir non seulement le bout de sa langue mais aussi, me semblait-il, son corps en entier… Un pur ravissement !

— T'as faim, beau brrrrrrrun, viens que je te fasse à souper !

Dans l'art de l'amour et des plaisirs autant que dans l'art culinaire, la belle agissait d'instinct, avec fougue et gourmandise, et ce n'est pas moi qui allais m'en plaindre, partageant pleinement, je l'avoue, sa philosophie hédoniste.

Et elle me mitonnait en moins de deux, avec les produits locaux et sur le feu de la passion, le meilleur de l'Italie gourmande, celle des sens caressés par l'essence du plaisir et le parfum du bonheur.

Au menu :

Fricassée de calmars à la tomate et aux épinards

Jarret de veau braisé aux poireaux

Poires pochées au porto blanc, farce au gorgonzola et aux noix de pin

Les Romains de l'Antiquité raffolaient des fruits de mer et notamment des calmars ou des seiches farcis de cervelle. Ils les dégustaient avec des sauces si relevées que ces aliments acquirent bientôt la réputation d'être aphrodisiaques. La raison en était précisément due à l'accompagnement. Et voilà que vingt siècles plus tard, je dégustais ces bonnes petites bêtes, simplement apprêtées aux tomates, basilic, épinards et ail grillé… Rien de trop relevé donc (juste assez), et pourtant, je pouvais à mon tour constater les remarquables vertus « vivifiantes » de ces calmars. Je dois cependant avouer que ma « vitalité » ne tenait non pas à l'accompagnement, mais à la compagnie : sous ses boucles brunes et son sourire coquin, (dé)vêtue comme il convient, Maria était ce qui accompagnait le mieux ce plat.

FRICASSÉE DE CALMARS À LA TOMATE ET AUX ÉPINARDS

500 g (1 lb) de calmars
6 gousses d'ail émincées finement
60 ml (1/4 tasse) de basilic frais haché finement
60 ml (1/4 tasse) d'huile d'olive
250 ml (1 tasse) d'oignon haché finement
125 ml (1/2 tasse) de vin blanc
Le jus d'un citron vert ou jaune
250 ml (1 tasse) de fumet de poisson
180 g (6 oz) d'épinards frais équeutés et lavés
796 ml (28 oz) de tomates entières en conserve égouttées
Sel et poivre du moulin

Parer les calmars, les passer sous l'eau froide pour bien les laver puis les couper en rondelles. Mélanger les calmars avec la moitié de l'ail, la moitié du basilic et l'huile d'olive. Poivrer et faire mariner environ une heure au réfrigérateur.

Dans une poêle légèrement huilée, faire dorer l'oignon pendant environ cinq minutes. Ajouter l'ail restant et les calmars, puis faire sauter à feu vif de deux à trois minutes. Retirer les calmars de la poêle et réserver.

Déglacer la poêle avec le vin blanc et ajouter le jus de citron. Y ajouter ensuite le fumet, les épinards, et cuire pendant deux minutes. Ajouter les tomates et laisser cuire à feu moyen de 8 à 10 minutes. Assaisonner et faire réduire de moitié. Ajouter les calmars, le reste du basilic et laisser mijoter à feu doux pendant 3 minutes.

Donne 4 portions
Temps de préparation : 20 minutes
Temps de macération : 60 minutes
Temps de cuisson : 20 minutes

Depuis les Romains, les Italiens sont fous du veau dont ils se font une spécialité (avec les pâtes). Le jarret de veau braisé sur les flammes de l'amour et sur le sable des vacances s'est révélé, quant à moi, le plat à la fois le plus simple que l'on puisse rêver et le plus succulent que j'aie dégusté tant celle qui le préparait n'avait pas que le jarret d'appétissant… Quand la cuisinière ne porte en guise de tablier qu'un petit triangle de tissu qui ne cache que le minimum, mais révèle au maximum, c'est fou comme on souhaiterait être « cuisiné » par elle.

JARRET DE VEAU BRAISÉ AUX POIREAUX

4 à 6 jarrets (rouelles) de veau
30 ml (2 cuillères à soupe) de farine
60 ml (4 cuillères à soupe) d'huile d'olive
3 gousses d'ail hachées finement
2 oignons moyens hachés finement
500 ml (2 tasses) de blancs de poireaux émincés
125 ml (1/2 tasse) de vin blanc
250 ml (1 tasse) de bouillon de bœuf
796 ml (1 boîte) de tomates entières
1 douzaine de feuilles de basilic frais hachées finement
Le zeste blanchi d'une orange
Sel et poivre du moulin

Rouler les jarrets dans la farine, puis saler et poivrer au goût. Saisir dans un peu d'huile d'olive à feu moyen de 3 à 4 minutes de chaque côté. Réserver les jarrets.

Dans la poêle ayant servi à saisir la viande, faire dorer l'ail, les oignons et les blancs de poireaux quelques minutes. Saler et poivrer au goût.

Déglacer avec le vin blanc et mouiller ensuite avec le bouillon de bœuf. Laisser réduire de moitié.

Couper les tomates en gros morceaux et ajouter à la préparation. Pour obtenir une sauce plus juteuse, ajouter, si désiré, un peu de jus de tomate.

Incorporer les jarrets puis ajouter le basilic et le zeste d'orange. Saler et poivrer au goût.

Couvrir et cuire au four à 180°C (350°F) pendant une heure et demie. Arroser du jus de cuisson aux 30 minutes.

Donne 4 portions
Temps de préparation : 15 minutes
Temps de cuisson : 90 minutes

Contrairement à la pomme, on ne croque pas une poire: on la mord – et j'ajouterai, à nu, pour mieux en éprouver la chair (je parle toujours de la poire, pas de ceux qui la mordent, voyons!). L'amateur de poires est celui qui apprécie la tendreté des chairs sucrées, le parfum enivrant de la maturité chauffée par le soleil du midi, les rondeurs, les couleurs et les reflets secrets dont ce fruit dispose pour séduire. Pour en apprécier toute la saveur, il faut savoir sucer sa chair. Je suis certain que la poire aime autant se faire manger que nous aimons la manger. C'est – je n'en doute plus depuis que j'ai découvert cette recette – le véritable fruit du péché.

POIRES POCHÉES AU PORTO BLANC, FARCE AU GORGONZOLA ET AUX NOIX DE PIN

POIRES POCHÉES

500 ml (2 tasses) de porto blanc
30 ml (2 cuillères à soupe) de sucre
2 feuilles de laurier
2 tiges de thym frais
2,5 ml (1/2 cuillère à thé) de graines d'anis
2,5 ml (1/2 cuillère à thé) de graines de fenouil
10 grains de poivre noir
4 poires Bartlett bien fermes
Le jus d'un demi-citron

FARCE AU GORGONZOLA

150 g (5 oz) de gorgonzola

30 ml (2 c. à soupe) de crème 35 %

80 ml (1/3 tasse) de noix de pin, grillées et hachées

15 ml (1 cuillère à soupe) de raisins secs dorés, hachés finement

POIRES POCHÉES

Dans une casserole moyenne, mélanger le porto, le sucre, le laurier, le thym, l'anis, les graines de fenouil et le poivre. Porter à ébullition et réserver à feu doux. Peler les poires, les couper en deux, les évider à l'aide d'une cuillère parisienne et les arroser de jus de citron. Déposer les poires dans la casserole et faire cuire à petits frémissements de 12 à 15 minutes. Retirer du feu et laisser reposer jusqu'au moment d'utiliser.

FARCE AU GORGONZOLA

Ramollir le gorgonzola, lui ajouter la crème et bien mélanger. Incorporer les noix de pin et les raisins. Réserver.

FINITION

Une heure avant de servir, déposer la farce au gorgonzola sur les poires et passer sous le grill quelques secondes. Servir accompagné d'un bon pain brioché et d'une salade mesclun.

Donne 4 portions
Temps de préparation : 20 minutes
Temps de cuisson : 20 minutes

PROPOS DE TABLE
(assis sur le sable)

— Tu sais, ça ne m'est pas très facile de continuer à manger. Surtout maintenant que tu as retiré ton soutien-gorge. Je crois rêver : j'ai dans les mains les poires les plus succulentes que l'on puisse manger, mais j'ai également sous les yeux les poires les plus délicieuses – j'en suis tout aussi sûr – que l'on puisse déguster. Que dire, dévorer…

— C'est ça que tu fais ? C'est comme ça que l'on dit en français : dévorer des yeux ?

— Oui, c'est comme ça qu'on dit. Tu sais, il n'y a pas que mes yeux qui veulent te dévorer. Si tu veux, je vais te montrer que j'ai encore beaucoup d'appétit…

— Tu voudrais du *désert* ?

— Du dessert, tu veux dire ? J'ai eu peur, je suis déjà tellement assoiffé…

Ivresse des sens

Vous n'êtes pas sans savoir que les huîtres ont depuis longtemps cette réputation de réveiller les ardeurs et d'apporter un carburant essentiel aux jeux de l'amour. Mon ami Paul est de ceux qui croient que rien ne vaut les plaisirs d'un puissant aphrodisiaque conjugué aux joies de la gastronomie quand vient le temps de célébrer l'ivresse de la chair. En d'autres mots, en amateur d'huîtres (comme moi d'ailleurs), il m'avait demandé de lui confectionner un petit repas tout entier consacré au seigneur des coquillages... histoire de charger à bloc le moteur de l'amour. Voici le menu que je lui ai préparé – pour lui et sa charmante compagne. Il apprécia tellement sa soirée qu'elle devint son épouse dans les mois qui suivirent (c'est la stricte vérité, bien que j'ignore s'il existe un lien de causalité entre ce repas et les noces qui suivirent). Aux dernières nouvelles, ils filent encore le parfait bonheur – et sont toujours friands d'huîtres...

Au menu :

Cocktail à la tomate jaune et aux huîtres

Shooters d'huîtres fraîches à la vodka

Soupe aux huîtres et aux poireaux parfumée au whisky

Entrecôte de bœuf grillée, sauce aux huîtres à l'échalote

C'est Pline l'Ancien (premier siècle de notre ère chrétienne – ça ne nous rajeunit pas, mais ça sonne toujours bien dans une conversation de salon) qui appelait l'huître : «l'oreille de Vénus». C'est assez drôle parce que, pour ma part, l'huître évoque une tout autre partie de l'anatomie féminine (on la croirait moulée sur cette mystérieuse région), mais bon… Il écrivait quand même assez joliment à propos de ces huîtres qu'elles sont «si tendres, si juteuses, si succulentes, si délicieuses que le poète ne pourrait trouver de meilleure comparaison pour une charmante jeune fille». Ça ne fait pas très politiquement correct, mais ça a le mérite de se vouloir galant.

COCKTAIL À LA TOMATE JAUNE ET AUX HUÎTRES

4 grosses tomates jaunes ou rouges bien mûres, mondées et épépinées
6 à 8 huîtres fraîches
2 échalotes françaises coupées en dés
6 à 8 feuilles de basilic frais hachées finement
5 ml (1 cuillère à thé) de sel de céleri
5 ml (1 cuillère à thé) de tabasco vert
5 ml (1 cuillère à thé) de sauce Worcestershire
30 ml (2 cuillères à soupe) de jus de limette
60 ml (1/4 tasse) de vodka
Sel et poivre du moulin au goût

Incorporer tous les ingrédients dans le bol du mélangeur ou du robot et mêler jusqu'à l'obtention d'un mélange uniforme. Servir frais sur glace dans un grand verre au rebord givré de sel de céleri et décoré d'une tranche de citron.

Donne de 4 à 6 portions
Temps de préparation : 5 minutes

Aucun autre aliment que l'huître ne peut prétendre à une efficacité aphrodisiaque instantanée. Les plus grandes vertus aphrodisiaques se résument souvent aux pouvoirs que l'on prête aux choses comme aux aliments. Cela dit, certains aliments ont des avantages que d'autres n'ont pas. Si on a toujours pensé que les fruits de mer (et incidemment les huîtres) stimulent l'appétit sexuel, c'est probablement dû à leur haute teneur en iode et en zinc qui exercent une action sur la glande thyroïde. Et une augmentation de la production des hormones thyroïdiennes accroît l'appétit sexuel, tous les médecins vous le confirmeront. Deux ou trois huîtres ne permettent pourtant pas d'atteindre le but recherché. En revanche, une consommation régulière de ces petits coquillages a des effets très positifs… Croyez-moi !

SHOOTERS D'HUÎTRES FRAÎCHES À LA VODKA

1 douzaine d'huîtres fraîches en coquilles
15 ml (1 cuillère à soupe) de coriandre fraîche hachée finement
60 ml (1/4 tasse) de jus de citron
60 ml (1/4 tasse) de vodka
15 ml (1 cuillère à soupe) d'œufs de lompe
15 ml (1 cuillère à soupe) de ciboulette hachée
Sel et poivre du moulin au goût

Ouvrir chacune des huîtres et les réserver dans leur coquille. Mélanger ensemble tous les ingrédients à l'exception des huîtres. Déposer une huître dans chaque verre à shooter et remplir du mélange de vodka, jus de citron et œufs de lompe, ou encore, servir les huîtres en coquilles et napper chacune des huîtres du mélange de vodka et œufs de lompe au goût. Servir immédiatement.

Donne 2 portions
Temps de préparation : 10 minutes

SOUPE AUX HUÎTRES ET AUX POIREAUX PARFUMÉE AU WHISKY

24 huîtres Malpèque fraîches
2 poireaux
30 ml (2 cuillères à soupe) de beurre
30 ml (2 cuillères à soupe) de farine
60 ml (1/4 tasse) de whisky
625 ml (2 1/2 tasses) de fumet de poisson
1 ml (1/4 cuillère à thé) de muscade moulue
2 pommes de terre Yukon Gold, pelées et coupées en dés
125 ml (1/2 tasse) de crème 35 %
30 ml (2 cuillères à soupe) de persil plat, haché
Sel et poivre du moulin

À l'aide d'une brosse, laver les huîtres sous l'eau froide et les ouvrir. Séparer les huîtres de leur jus et réserver. Laver le poireau et n'en réserver que le blanc et le vert tendre puis l'émincer. Réserver le tout.

Dans une casserole à fond épais, faire fondre le beurre et faire suer les poireaux à feu doux de 4 à 5 minutes. Ajouter la farine, bien mélanger puis cuire pendant 2 minutes. Ajouter le whisky, le jus des huîtres réservé et bien mélanger. Ajouter le fumet et porter à ébullition. Ajouter la muscade, les pommes de terre, couvrir et laisser mijoter environ 10 minutes ou jusqu'à ce que les pommes de terre soient cuites.

Ajouter la crème et poursuivre la cuisson pendant 5 minutes. Ajouter les huîtres, le persil et bien mélanger. Vérifier l'assaisonnement et servir aussitôt.

Note : Pour préparer le potage à l'avance, arrêter à l'étape d'ajouter les huîtres et le persil. Au moment de servir, faire chauffer le potage et, lorsqu'il est bien chaud, ajouter les huîtres et le persil, bien mélanger et servir aussitôt.

Donne 4 portions
Temps de préparation : 15 minutes
Temps de cuisson : 25 minutes

Casanova écrivait que l'huître est « un aiguillon de l'esprit et de l'amour ». Dans ses mémoires, on le voit souvent en faire bon usage quand vient le temps de séduire une belle (ou même deux); d'un adroit coup de langue, il la faisait passer de la bouche de sa maîtresse à la sienne. « Il n'y a point de jeu plus lascif, expliquait-il, plus voluptueux entre deux amoureux. Quelle sauce que celle d'une huître que je hume de la bouche de l'être que j'adore ! » Avant de passer aux actes, Casanova gobait une centaine d'huîtres, toujours copieusement arrosées de bons vins. Je ne sais si je vous en conseillerais autant, mais le procédé semble avoir admirablement réussi au séducteur.

À propos, seriez-vous de celles et ceux qui craignent d'ouvrir les huîtres de peur de s'amputer la main ou de s'ouvrir les veines ? Un ami m'a refilé un bon truc. Il s'agit de mettre les huîtres au congélateur (trois heures suffisent), puis de les laisser décongeler environ deux heures avant de les manger. La glace ayant soulevé la valve plate, on n'a plus qu'à glisser bien doucement un couteau à huître et, sans forcer, l'huître s'ouvre comme si vous aviez crié « sésame ». Il m'assure que les huîtres sont aussi exquises que si elles venaient d'être tout juste pêchées.

ENTRECÔTE DE BŒUF GRILLÉE, SAUCE AUX HUÎTRES À L'ÉCHALOTE

15 ml (1 cuillère à soupe) de sauce soya
30 ml (2 cuillères à soupe) de vinaigre de riz
80 ml (1/3 tasse) de sauce aux huîtres
10 ml (2 cuillères à thé) d'huile de sésame
2,5 ml (1/2 cuillère à thé) de sambal œlek
375 ml (1 1/2 tasse) de bouillon de bœuf
1 gousse d'ail, hachée finement
1 morceau de gingembre frais de 2,5 cm (1 po), haché finement
4 échalotes françaises, hachées finement
4 belles entrecôtes de bœuf
30 ml (2 cuillères à soupe) de fécule de maïs
2 oignons verts, hachés
Sel et poivre du moulin

Mélanger la sauce soya, le vinaigre, la sauce aux huîtres, l'huile de sésame, le sambal œlek et le bouillon. Ajouter l'ail, le gingembre et l'échalote. Faire mariner les entrecôtes dans cette marinade pendant 2 heures.

Dans une petite casserole, porter la marinade à ébullition et ajouter la fécule préalablement délayée dans un peu d'eau froide. Ajouter les oignons verts et réserver à feu doux.

Faire chauffer la grille du barbecue, assaisonner les entrecôtes et les faire griller de 3 à 4 minutes de chaque côté ou selon la cuisson désirée. Servir accompagnées de la sauce aux huîtres.

Note : Vous pouvez remplacer le sambal œlek par deux pincées de poivre de Cayenne ou par quelques gouttes de sauce Tabasco.

Donne 4 portions
Temps de préparation : 15 minutes
Temps de cuisson : 15 minutes

Je ne voudrais pas jouer aux savants biologistes, mais saviez-vous (je m'adresse aux oreilles coquines) que les huîtres sont successivement mâles et femelles? Pas étonnant alors qu'elles servent si bien à enflammer les sens des hommes comme des femmes puisqu'en fait, les huîtres connaissent tout du plaisir des deux sexes.

Maintenant, si vous doutez encore des vertus amoureuses de l'huître, je crois pouvoir prendre le pari suivant: si, comme Paul et sa femme (à propos, elle s'appelle Hélène, et je les salue tous deux en passant), vous avez suivi ce menu d'huîtres à la lettre et que vous ne vous en êtes pas sentis, comment dire… transformés (dans le sens de la plus grande vigueur amoureuse), alors, oui, je l'avoue… je ne vous envie pas.

PROPOS DE TABLE
(Casanova auprès d'Armelline et d'Émilie)

«Je lui ai mis la coquille à la bouche, je lui ai dit de humer l'eau en gardant l'huître entre ses lèvres. Elle exécuta la leçon fidèlement après avoir bien ri, et j'ai recueilli l'huître en collant mes lèvres sur les siennes avec la plus grande décence. Armelline l'applaudit en lui disant qu'elle ne l'aurait pas crue capable de faire cela, et elle l'imita parfaitement. Elle fut enchantée de la délicatesse avec laquelle j'ai pris l'huître de dessus ses lèvres. Elle m'étonna en me disant que c'était à moi aussi à leur faire la restitution du cadeau, et Dieu sait le plaisir que j'ai eu à m'acquitter de ce devoir.»

CASANOVA, *Histoire de ma vie*

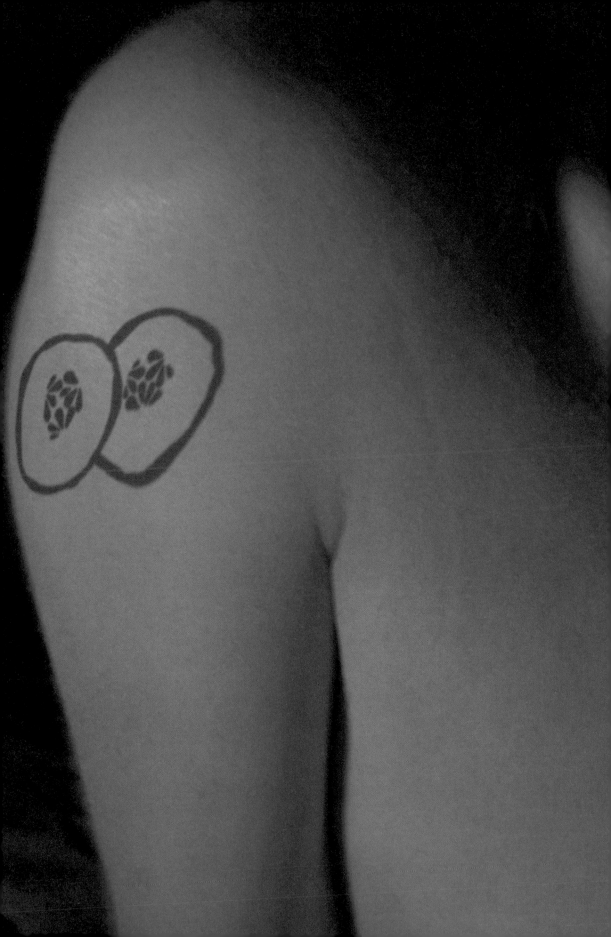

Histoire crue

Le menu que je m'apprête à vous confier (voire chuchoter) m'a été inspiré, ma foi, dans des conditions assez particulières. C'est une histoire un peu crue, à vrai dire. En réalité, elle n'a jamais vraiment donné lieu à un repas, mais elle m'est apparue comme un défi que j'ai eu le plus grand plaisir à relever. Voici tout d'abord en quelle circonstance l'idée de ce repas cru est née. Car c'est bien de crudité dont il s'agit, jugez-en par vous-même.

Il était assez tard. J'étais resté au bistro jusqu'à l'heure de la fermeture et, pendant que je me préparais à fermer en passant en revue diverses paperasses, je n'ai pu faire autrement que de remarquer cette cliente venue s'asseoir au bar prendre un dernier verre. Il s'agissait en fait d'un visage vaguement familier. J'allais apprendre par la suite qu'elle était nouvellement engagée dans un restaurant voisin. Parfois, après son quart de travail, elle venait chez nous pour se relaxer, discuter avec le personnel ou… draguer, de toute évidence.

Belle, grande, en tenue délibérément sexy, le regard direct, voire un brin provocateur, on ne pouvait pas vraiment douter de ses intentions. Ce qui surprenait bien davantage, c'était la teneur de ses propos. En termes polis, on appelle ça un langage vert. En réalité, je dirais que la crudité de ses propos frôlait parfois l'indécence.

Jamais, je vous le jure, je n'ai tenté de surprendre la conversation qu'elle tenait avec l'homme qui l'avait rejointe au comptoir, mais je n'en ai manqué aucun détail. Jamais, au cours de la soirée, elle n'a baissé la voix ou fait preuve d'un peu de discrétion, même si elle y allait de quelques confidences intimes, très intimes. À coup sûr, elle avait un tempérament d'exhibitionniste. Peut-être encore que, l'alcool aidant, elle affichait sa véritable personnalité? Allez savoir…

Toute la soirée, mes oreilles ont résonné d'entendre des histoires à saveur pornographique. Plus j'en entendais, plus je m'étonnais que l'on puisse ainsi afficher une telle franchise, et plus je m'efforçais, dans mon for intérieur, de corriger le tir afin de ne pas me laisser emporter par cette déferlante de vulgarité. J'ai pensé que l'on pouvait être cru, voire manger cru, mais de façon beaucoup plus raffinée que les propos de cette jeune femme qui, je l'espère, devait savoir faire preuve d'un peu plus de retenue lorsqu'elle servait aux tables.

En quelques mots (mais sans compter ceux que je ne me permettrai pas de répéter), elle racontait à son interlocuteur, les yeux ronds et la bouche bée de stupéfaction, comment elle parvenait à atteindre le septième ciel, avec un ou une partenaire (et parfois seule). Elle adorait se servir de toutes sortes d'objets que mon imagination, non dépourvue de fantaisies, n'avait pas toujours associés aux plaisirs érotiques. J'ajouterai que la gloutonne aimait s'inspirer du contenu de son garde-manger. Voici donc les recettes qu'elle m'inspira (bien involontairement et un peu gentiment) et qui, je l'espère, vous feront connaître, à vous aussi, le cinquième péché ou le septième ciel...

Au menu cru :

Salade de crabe des neiges aux câpres et à la tapenade d'olives sur coquilles de tomate

Tartare de concombre et de tomate à la crème sûre

Carpaccio d'espadon au vinaigre balsamique

Sashimis de thon à l'orientale au croquant de basilic

Parfait de bananes au rhum et à la vanille

Lorsqu'elle a raconté comment elle avait éprouvé un jour l'orgasme en se couchant, dévêtue sur un banc de neige, mais chauffée par le soleil, je n'ai pu faire autrement que de prêter l'oreille. Avouez que la chose n'est pas ordinaire et qu'elle contient tout ce qu'il y a de plus intriguant et amusant. Elle disait qu'en tenant ses jambes bien écartées, elle pouvait ressentir les rayons du soleil la caresser jusque… bon, je m'arrête ici. Je me souviens l'avoir entendue dire: «J'étais comme un crabe sur le dos, les pinces écartées.» Et moi, j'ai rougi comme une tomate devant cette image d'une totale impudeur. Sans doute mon martini, dans lequel se noyait une olive, me montait-il à la tête… Cette bribe de conversation, surprise inopinément, m'inspira cette première recette:

SALADE DE CRABE DES NEIGES AUX CÂPRES ET À LA TAPENADE D'OLIVES SUR COQUILLES DE TOMATES

4 tomates bien mûres
400 g (13 oz) de chair de crabe des neiges
60 ml (1/4 tasse) de petites câpres
4 échalotes françaises hachées finement
Le jus et le zeste d'un demi-citron
45 ml (3 cuillères à soupe) de persil frais haché finement
Une douzaine d'olives de Kalamata dénoyautées et hachées finement
1 gousse d'ail hachée finement
30 ml (2 cuillères à soupe) de mayonnaise
Sel et poivre au goût

Trancher le dessus des tomates pour en prélever un chapeau. Évider les tomates en retirant toute la chair à l'aide d'un couteau et d'une petite cuillère. Épépiner cette chair, la couper en dés et la déposer dans un grand bol. Réserver les coquilles des tomates.

Ajouter tous les autres ingrédients aux dés de tomates. Mélanger et rectifier l'assaisonnement au besoin. Remplir les coquilles de tomates de ce mélange. Décorer d'une feuille de menthe fraîche et d'un zeste de citron, si désiré.

Il est préférable de laisser reposer au réfrigérateur une demi-heure avant de servir.

Donne 4 portions
Temps de préparation : 15 minutes

Pour cette deuxième recette, je me refuse absolument à répéter ce que j'ai entendu et je me contenterai de vous renvoyer au premier aliment de ma recette (le concombre, eh oui…) pour vous faire comprendre que la conversation devint encore plus grivoise et osée lorsque la belle rebelle entreprit de raconter avec minutie ce qu'elle était capable de faire subir à un légume qui n'en avait sûrement jamais tant demandé.

TARTARE DE CONCOMBRE ET DE TOMATE À LA CRÈME SÛRE

1 concombre anglais pelé
5 ml (1 cuillère à thé) de sel
4 tomates italiennes
2 échalotes françaises hachées finement
45 ml (3 cuillères à soupe) de crème sûre
5 ml (1 cuillère à thé) de moutarde de Dijon
30 ml (2 cuillères à soupe) de basilic frais haché finement
Le zeste d'un citron vert haché finement
Le jus d'un citron vert
Poivre du moulin

Couper le concombre sur le sens de la longueur et, à l'aide d'une petite cuillère, retirer les pépins. Tailler le concombre en petits dés et les déposer dans une passoire. Ajouter le sel et laisser dégorger pendant 10 minutes. Rincer à l'eau froide pour dessaler. Égoutter et laisser reposer au réfrigérateur une vingtaine de minutes. Retirer l'excédent d'eau et déposer dans un bol. Réserver.

Pendant ce temps, couper les tomates en deux, les épépiner et les tailler en petits dés. Ajouter les tomates et les échalotes aux dés de concombre et bien mélanger.

Ajouter la crème sûre, la moutarde, le basilic, le zeste et le jus de citron vert. Poivrer au goût. Tasser cette préparation à l'intérieur d'un cerceau de présentation d'environ 10 cm (4 po) de diamètre et présenter à la manière d'un tartare de bœuf, ou encore façonner en forme de quenelles.

Donne 4 portions
Temps de préparation : 20 minutes
Temps de macération : 10 minutes

Manifestement, le compagnon de la dame était comme un poisson dans l'eau. À entendre la belle raconter jusque dans ses plus infimes détails le menu de ses transports amoureux, l'homme devait croire qu'il n'y avait pas loin de la coupe aux lèvres. Au moins celui-là ne semblait pas trop décontenancé par les hardiesses de la fille (hardiesse, j'imagine, ça doit venir de *hard*?). En général, les hommes ont plutôt des airs de merlans frits sitôt que la dame montre les signes de la plus grande assurance sexuelle. Mais dans le cas qui nous occupe, l'homme ressemblait davantage à un espadon : l'épée pointée, nageant fièrement vers sa proie, prêt à la transpercer, enfin… Vous me suivez, j'espère? Alors, arrêtons-nous là. Revenons plutôt aux raffinements de bouche.

CARPACCIO D'ESPADON AU VINAIGRE BALSAMIQUE

60 ml (1/4 tasse) d'huile d'olive
10 ml (2 cuillères à thé) de jus de citron
15 ml (1 cuillère à soupe) de vinaigre balsamique
300 g (10 oz) d'espadon frais
10 ml (2 cuillères à thé) de ciboulette fraîche, hachée
10 ml (2 cuillères à thé) de basilic frais, haché
8 tomates séchées dans l'huile, coupées en trois
8 asperges vertes, cuites et coupées en trois
1 bulbe de fenouil, émincé
5 ml (1 cuillère à thé) d'origan frais, haché
60 g (2 oz) de fromage parmesan frais, en copeaux
Sel de mer et poivre du moulin

Mélanger l'huile d'olive, le jus de citron et le vinaigre balsamique. Trancher l'espadon le plus finement possible. Plus il sera froid, plus la coupe sera facile (vous pouvez le mettre au congélateur pendant 30 minutes). Disposer les tranches d'espadon dans les assiettes. À l'aide d'un pinceau, badigeonner l'espadon de la marinade. Assaisonner de sel et de poivre. Parsemer de ciboulette et de basilic.

Mélanger les tomates, les asperges, le fenouil, l'origan et assaisonner. Ajouter le reste de la marinade et bien mélanger. Répartir dans les assiettes, parsemer de copeaux de parmesan et servir.

Donne 4 portions
Temps de préparation : 15 minutes

Permettez-moi un petit aparté. Un aparté qui n'en est pas un puisqu'il relève directement des propos – que je ne pourrais pas davantage reproduire ici – de mon audacieuse inconnue qui n'avait décidément pas froid aux yeux (ni ailleurs, si j'en juge par le décolleté vertigineux qu'elle nous offrait). J'ai trop souvent entendu des femmes se plaindre (comme elle le faisait) d'avoir affaire à des hommes qui ne savent pas apprécier la délicate saveur de leur coquillage secret. C'est donc comme un hommage intime (et comme témoignage d'un goût personnel) que doit être appréciée la recette suivante : un hommage donc aux femmes et à leur petit trésor qui ne donne sa juste suavité qu'après avoir été préparé avec tout l'amour et la délicatesse possible. C'est un goût d'une haute subtilité, un plaisir piquant, fauve et toujours enivrant. Comme cette recette, donc :

SASHIMIS DE THON À L'ORIENTALE
AU CROQUANT DE BASILIC

500 g (1 lb) de steak de thon bien frais
125 ml (1/2 tasse) d'huile de sésame grillé
60 ml (1/4 tasse) de sauce Tamari ou de sauce soya
30 ml (2 cuillères à soupe) de jus de citron
30 ml (2 cuillères à soupe) de moutarde de Dijon
2 échalotes françaises hachées finement
1 gousse d'ail hachée finement
30 ml (2 cuillères à soupe) de câpres hachées grossièrement
Sel et poivre au goût

Hacher finement au couteau la darne de thon. Incorporer dans un grand bol et ajouter l'huile de sésame, la sauce Tamari et le jus de citron. Mélanger intimement. Ajouter le reste des ingrédients et mélanger uniformément. Saler et poivrer au goût. Diviser en deux galettes, napper légèrement, au goût, de quelques gouttes d'huile de sésame et décorer de quelques échalotes françaises émincées et de quelques tranches de citron frais.

Donne 2 portions
Temps de préparation : 15 minutes

J'en étais à astiquer le dernier verre à vin avec un soin plus maniaque qu'il n'en faut quand je surpris les dernières confidences de celle qui n'avait plus grand-chose à faire pour cueillir les fruits de sa conquête (je crois que son compagnon bavait littéralement à l'écouter). Elle racontait maintenant ses dernières vacances à Cuba, sous les feuilles de palmiers où, à l'entendre, se trouvent les amants les plus merveilleux du monde, au risque, me suis-je dit, de complexer à mort son interlocuteur qui pourrait se sentir, vu les descriptions, en position d'infériorité. J'oserais même suggérer que sa manœuvre risquait fort de jouer en sa défaveur. Mais bon, puisqu'il est question d'un amant bien doté, d'un interlocuteur bien « mûr », de Cuba et de « métissage culturel », voici la dernière recette que j'ai imaginée pour donner à ces histoires crues toute la délicatesse d'une cuisine crue…

PARFAIT DE BANANES AU RHUM ET À LA VANILLE

4 blancs d'œufs
60 ml (1/4 tasse) de sucre glace
1 pincée de crème à tarte
2 bananes bien mûres
125 ml (1/2 tasse) de crème à fouetter 35 %
15 ml (1 cuillère à soupe) de sirop d'érable
60 ml (1/4 tasse) de rhum brun
10 ml (2 cuillères à thé) d'extrait de vanille
30 ml (2 cuillères à soupe) de miel
30 ml (2 cuillères à soupe) de graines de sésame grillées

Battre les blancs d'œufs énergiquement jusqu'à l'obtention d'une meringue bien ferme. Ajouter le sucre glace et la crème à tarte et battre encore quelques seconde pour mélanger uniformément. Réserver au réfrigérateur.

Fouetter énergiquement la crème et le sirop d'érable pour obtenir une onctueuse chantilly. Réserver.

Écraser les bananes à la fourchette et mélanger à la crème fouettée. Ajouter le rhum et l'extrait de vanille. Mélanger intimement et réserver.

Mélanger délicatement la meringue et la chantilly aux bananes de façon à obtenir une mixture légère.

Servir le parfait aux bananes bien froid dans des coupes à sorbet ou dans des verres à Martini. Saupoudrer des graines de sésame grillées et garnir d'un peu de miel, au goût.

Donne de 4 à 6 portions
Temps de préparation : 20 minutes

PROPOS DE TABLE
(pour vous mettre en appétit)

Ici, reportez-vous à vos lectures érotiques préférées.

Si vous êtes en panne de lecture et que vous ne connaissez pas de bons libraires, laissez-moi vous conseiller les auteurs suivants : Anaïs Nin, Jean-Pierre Énard, Jacques Serguine, Jacques Cellard, Françoise Rey, Pierre Bourgeade, Alina Reyes, William St-Hilaire… Si vous préférez le genre un peu plus cru, je vous recommande Anne Rice, Henry Miller, et l'incontournable Sade.

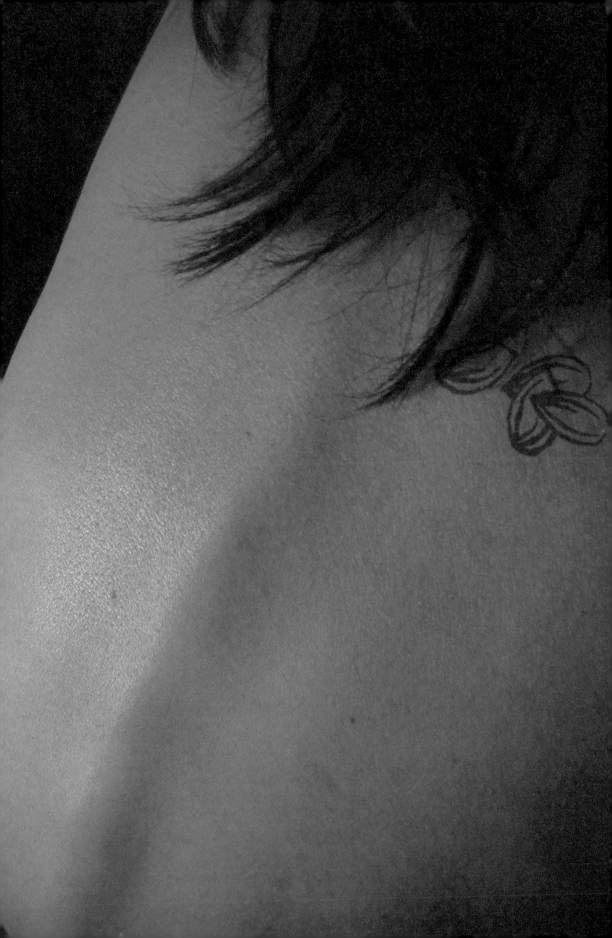

Lettre à mon chef

Voici une lettre qu'un ami cuisinier reçut un jour d'une maîtresse visiblement comblée. Sachant le propos du livre que je m'apprêtais à écrire, il me proposa gentiment d'inclure ces mots sensuels et torrides à mon œuvre gourmande et coquine. Je ne fis qu'une bouchée de cette missive et décidai de l'ajouter à ce livre sans attendre, d'autant qu'il lui était rattaché une recette absolument gourmande et cochonne, création de mon ami cuisinier que j'essayais depuis longtemps de lui voler. Voici donc la lettre et sutout… la recette. Seul les noms ont été changés comme le veux la formule ; quant à la recette, croyez-moi, elle est en tous points fidèle à l'original et à l'enseignement du maître.

Mon cher maître des plaisirs,

Tout était exquis. Délicieux. Préparé à la perfection. On pouvait sentir toute ta douceur, ton attention et ta passion à travers chaque bouchée. Car c'est un peu de toi, en effet, que je croyais goûter quand, sous ma langue impatiente, la dernière bouchée avalée venait me caresser de l'intérieur. Comment te dire toute la joie que tu m'as apportée ? Et comment te remercier pour ces plaisirs impudiques que tu as su me faire connaître, au détour de mille et une saveurs si généreusement prodiguées ? Mon ventre, ma bouche et tous mes sens te sont à jamais reconnaissants.

Oui, me voilà heureuse. L'assiette vide mais le corps tout plein de tes douceurs savamment cuisinées, je regarde nos deux verres posés l'un à côté de l'autre et contenant encore juste ce qu'il faut pour perpétuer cette ivresse des sens que tu as su allumer en moi.

Éclairés par la seule lueur de nos chandelles et l'éclat qui brille dans nos yeux, nos mains se touchent et se rejoignent dans une tendre caresse. La musique diffuse un petit blues qui convient bien à notre esprit: elle s'insinue en nous, nous pénètre en douceur pour prendre lentement le contrôle de nos corps qui s'abandonnent au rythme d'un bateau ondoyant sur les eaux puissantes du désir.

Je t'ai dit: «Installe-toi bien confortablement, je reviens dans une minute.» Et pendant que tu t'étendais de tout ton long sur le canapé, j'allais me changer pour passer cette petite robe que tu aimes tellement. Je t'avais tout de même réservé une petite surprise.

Je t'ai rejoint sur le canapé. En m'accueillant, ta main, pour bien me montrer que tu voulais me faire une place auprès de toi, a glissé sur ma cuisse et elle est remontée. Haut. Assez haut pour que tu réalises que je ne portais rien dessous. «Ho!» as-tu dit.

Alors, profitant de ton léger désarroi, je t'ai conseillé de te mettre plus à ton aise. Après ce que nous avions mangé, il me semblait qu'il ne fallait pas s'encombrer de ce qui risquait d'entraver notre confort, comme ces vêtements trop serrés et trop contraignants. Sans te laisser le choix, j'ai moi-même entrepris de t'enlever tout ce qui m'apparaissait bien superflu par cette belle soirée d'été…

Suite aux dernières découvertes culinaires, ma joie n'était pas en reste: tout ce que je découvrais en fait de chair me comblait. Du coup, un nouvel appétit m'est venu. Je t'en ai fait la remarque et tu m'as gentiment assuré que je pouvais me servir à volonté; je pouvais user et abuser de toi jusqu'à plus soif ou «Jusqu'à épuisement des stocks», as-tu ajouté.

Ton sourire coquin a fait naître pareil sourire chez moi. Tout m'invitait à poursuivre ici, là, sur le canapé ou sur le tapis, les plaisirs de bouche commencés un peu plus tôt. Quel festin!

Pourtant, après quelques heures de délicieuses gâteries, rassasiée, repue et fourbue, j'ai ressenti la nécessité d'aller puiser de nouvelles énergies… Quelque chose comme une petite mignardise? Un petit rien tout sucré? Je ne sais trop, mais tu serais un ange si tu me surprenais avec une petite douceur que j'avalerais sans me faire prier. Allez, viens à la cuisine et cuisine-moi… quelque chose de craquant!

CRAQUANT AUX POMMES CONFITES À L'ÉRABLE ET CRÈME PRALINÉE

300 ml (1 1/4 tasse) de sirop d'érable
3 pommes Golden, pelées, évidées et coupées en quartiers
175 ml (3/4 tasse) de noix de pacane
4 feuilles de pâte filo
60 ml (1/4 tasse) de beurre fondu
60 ml (1/4 tasse) de sirop d'érable
125 ml (1/2 tasse) de crème 35 %

POMMES CONFITES

Dans une casserole moyenne, porter le sirop d'érable à ébullition. Y déposer les quartiers de pommes puis faire mijoter à feu doux de 20 à 25 minutes ou jusqu'à ce que les pommes soient tendres. Retirer les pommes du sirop et réserver le tout.

PRALIN D'ÉRABLE ET DE PACANES

Faire griller les noix de pacane au four préchauffé à 180°C (350°F), de 10 à 12 minutes. Réserver 80 ml (1/3 tasse) de sirop de cuisson des pommes pour la finition puis porter le reste à ébullition. Laisser mijoter à feu moyen jusqu'à ce qu'il atteigne 140°C (275°F) au thermomètre à bonbons. Incorporer les noix de pacane, bien mélanger et poursuivre la cuisson pendant 5 minutes. Débarrasser le tout sur une plaque à pâtisserie légèrement beurrée et laisser refroidir jusqu'à durcissement complet. Casser le caramel de pacanes en gros morceaux puis le moudre au robot jusqu'à l'obtention d'une texture plus ou moins fine. Réserver le pralin obtenu.

CRAQUANT

Superposer trois feuilles de pâte filo en badigeonnant chacune d'entre elles de beurre et de sirop d'érable. Superposer la dernière feuille et en badigeonner la moitié de beurre et de sirop, puis la plier en deux. Badigeonner une dernière fois puis tailler en 12 rectangles d'environ 5 X 10 cm (2 X 4 po). Faire cuire au four, préchauffé à 190°C (375°F) pendant environ 10 minutes ou jusqu'à ce que les craquants soient bien dorés.

FINITION

Fouetter la crème jusqu'à l'obtention de pics mous. Ajouter les trois quarts du pralin et bien mélanger. Répartir la crème pralinée sur six craquants. Déposer deux quartiers de pommes, un peu de crème pralinée puis terminer par un craquant. Accompagner du sirop réservé, parsemer du pralin réservé et servir.

Note : Les pommes confites, le pralin et les craquants peuvent se préparer une journée à l'avance. Dans ce cas, conserver les craquants à la température ambiante dans un contenant métallique qui les empêchera de ramollir.

Donne 6 portions
Temps de préparation : 45 minutes
Temps de cuisson : 45 minutes

PLAISIRS DE BOUCHE : MODE D'EMPLOI
(Petite recette à l'usage des analphabètes de la cuisine et de l'amour)

Pour réussir un bon repas d'amoureux, eh bien c'est très simple, il s'agit de suivre quelques règles de base, mais en s'octroyant toujours la liberté d'improviser. C'est un peu comme suivre une recette : il faut savoir comprendre l'esprit pour mieux s'en inspirer.

- Au moins deux personnes consentantes : une bonne coquine et son coquin feront une excellente paire (la recette peut également compter plus de deux personnes ; en ce cas-là, il s'agit de bien connaître ses mathématiques et d'opérer équitablement pour que chacun trouve sa juste mesure).
- Un appétit à la mesure de vos désirs (en espérant que vos désirs soient à la mesure de vos capacités et de votre endurance).
- Quelques kilos de caresses intimes, saupoudrées jusqu'à satiété (et administrées aussi longtemps que nécessaire).
- Des sous-vêtements affriolants (facultatif dans la mesure où ils ne sont pas destinés à rester en place trop longtemps).
- De l'imagination sans compter (ce qui n'empêche pas de compter sur toutes sortes de gadgets, livres ou films de votre choix, choisis chez votre marchand préféré).

Préchauffer le partenaire à feu doux. Ne pas lésiner sur les préliminaires pour faire « monter la sauce ». Dans un plat lubrifié, mettre une couche de baisers profonds, puis caresser passionnément les surfaces exposées. Assaisonner le tout de petits mots coquins, tendres et susurrés ou violents et hurlants, c'est au choix. Ici, on ne peut discuter des goûts ou des couleurs.

À partir de là, on ne peut que laisser les coquins en présence improviser les unes ou les autres figures que le Kama Sutra s'est déjà fait un devoir de répertorier. Pour mémoire, rappelons l'existence de la levrette, le soixante-neuf, la feuille de rose, la brouette thaïlandaise, la cravate de notaire, le baiser florentin, le tire-bouchon américain, et j'en passe…

Le lieu des célébrations peut varier au gré de l'imagination. Les seules mises en garde restent celles que l'on peut trouver dans le code civil au chapitre de la grossière indécence publique.

Servir très chaud… Les portions ne sont pas comptées et vous pouvez vous resservir aussi souvent que votre appétit vous le permet.

Table des matières